Nunca escucha

Colección dirigida por Mahaut-Mathilde Nobécourt.

Traducción de Parangona, Realització Editorial S. L.

Ilustración de Jesús Gracia.

Título original: Cet enfant qui n'écoute jamais.

© Editorial De Vecchi, S. A. 2019
© [2019] Confidential Concepts International Ltd., Ireland
Subsidiary company of Confidential Concepts Inc, USA
ISBN: 978-1-64461-381-8

Jean-Luc Aubert

NUNCA ESCUCHA

dve
PUBLISHING

A Didier-Laurent y Ève-Pauline,
que siempre me han escuchado tan bien...
a falta de no haberme obedecido a veces.

Introducción

Es evidente que ser padre representa, ante todo, una gran alegría, un enorme placer. Pero no sólo eso, sino que también supone inquietudes, muchas preguntas y algún que otro enfado. Puede llegar incluso a convertirse en una verdadera exasperación. Sobre todo cuando hay que repetirle cien veces lo mismo a un niño, con la sensación de que no te escucha.

¿Qué padre no se ha planteado en algún momento esta cuestión, la atención de su hijo? Mi experiencia como psicólogo, así como la de compañeros que tratan estos mismos temas, me obliga a reconocer que la queja que acompaña muchas veces a los padres forma parte de los cinco o seis síntomas más importantes y recurrentes: no pasa un solo día sin que los profesionales nos encontremos ante estas situaciones, y más de una vez.

A su vez, cuando he expresado en mi entorno el deseo de escribir este libro sobre la atención de los niños, las reacciones han sido numerosas y, en ocasiones, hasta sorprendentes: cada interlocutor planteaba una preocupación diferente.

Escuchar: ¿obedecer, retener?

□ Para los padres

Para un padre, la mayoría de veces, el niño que nunca escucha es un niño que tampoco obedece, como si la obediencia fuera una consecuencia directa de la atención.

Esta queja normalmente se enmarca en un contexto más general: «No atiende a nada», o «Le entra por un oído y le sale por el otro»; aunque lo más común es que vaya acompañada de una puntualización restrictiva: «Nunca me hace caso... pero escucha a su padre [o a su madre]», a veces formulada de otra forma: «Cuando su padre [o su madre] le dice alguna cosa, entonces sí...».

La protesta suele venir de las madres. Lo cierto es que hay muy pocos padres que llegan a la consulta para esta clase de cuestiones. ¿Por qué? A pesar de todo, la educación de los hijos recae todavía en la figura materna. Son las madres quienes llegan normalmente preguntando por su hijo o hija. También padres nuevos, aunque en la realidad más cotidiana, suelen ser muy discretos —demasiado, sin duda—; en cualquier caso, hasta la adolescencia, en que la queja se hace conjunta, del tipo: «¡No me escucha!», que pasa a ser generalmente «¡Ya no escucha!», o en el mejor de los casos: «¡Ya no escucha tanto!».

La dificultad propia de las madres a la hora de hacerse escuchar, sin embargo, plantea otra serie de cuestiones, como la relación maternal, que además se encuentra privilegiada durante toda la infancia del hijo, pero que, paradójicamente, resulta también más difícil de llevar que la relación paternal. Su explicación llevaría a preguntarse si existiría una autoridad paterna «natural».

Independientemente de su carácter, la queja sobre una precaria e incluso inexistente atención constituye una preocupación real. Eso puede convertirse en algo perjudicial en la relación con los niños, o incluso en el seno familiar. Cuando llega a plantearse, sola o acompañada de otras preocupaciones, representa una verdadera llamada de socorro, un aviso del padre que «no da abasto» o que «no puede más».

Tras este lamento, normalmente se encuentran algunas dudas como: ¿Por qué no me escucha... y en cambio escucha a su padre (o a su madre)? ¿Por qué ahora? Y de manera más urgente aún: ¿Qué hago? ¿Podemos cambiar algo? ¿Cómo instaurar o recuperar su atención? ¿Cuánto tiempo llevará?

Detrás de estas preguntas implícitas, se plantean otras muchas que apuntan directamente hacia los profesionales: ¿Escuchar o atender? ¿Hablamos de lo mismo? ¿La falta de atención puede interpretarse como un síntoma de algo? ¿La ausencia (o presencia) de esta especificidad puede ser un precedente de inestabilidades o contiendas futuras? ¿Cuáles? Durante la evolución del niño, ¿existen épocas más sensibles?

Lo que resulta cierto, es que el psicólogo no puede responder a estas dudas sin situarlas en un contexto, en una historia y en una dinámica propias de cada uno. Hay que empezar por diferenciar los fenómenos transitorios, poco preocupantes en cuanto al pronóstico, con las constantes de la personalidad, algo más significativas. En el primer caso, nos encontramos ante un incidente como reacción de algo concreto que se solucionará cuando los elementos que lo hayan provocado desaparezcan. En el segundo caso, la mejora de la situación, si no resulta imposible, exige mucha energía y, por lo general, una movilización activa de todos los implicados: el niño y los padres, por supuesto, el terapeuta y, en ocasiones, el o los profesores.

9

☐ Para los profesores

Cuando he hecho referencia al proyecto de escribir sobre la atención ante algunos profesores, no me ha sorprendido observar cómo ellos no le daban la misma importancia a las frases «No escucha» o «No me escucha» que los padres. Para el pedagogo, una «buena» atención pasa por memorizar, «retener» bien lo que se escucha. Para este, el indicador de una buena atención reside esencialmente en una restitución correcta del mensaje propuesto. A la fórmula «No escucha en clase» a menudo le sigue otra como «Por eso no retiene nada».

El profesor puede resultar más metafórico a la hora de designar lo mismo: ¿Por qué no escucha? ¿Se trata de algo momentáneo o de una dificultad constante? ¿Qué podemos hacer para ayudarlo? Aunque, a veces, se observa el caso particular de los alumnos de quienes tenemos la impresión de que «no escuchan» en clase pero que sí «registran». ¿Verdaderamente no escuchan? ¿Se trata de una mera percepción? Y si es así, ¿cuál es el motivo?

Esta situación, cuando se hace más latente en el colegio, puede convertirse en una fuente de conflictos en la familia: ¿Por qué un profesor no se hace entender, mientras que otro lo hace perfectamente? ¿Por qué el año pasado no tenía esa dificultad? ¿Es que algunos cuentan con una autoridad «natural» que otros no tienen?

La falta de atención del niño se convierte en un problema complejo cuando se da año tras año. Para empezar, porque los efectos sobre los resultados escolares pueden imaginarse con facilidad, teniendo unas consecuencias muy perjudiciales en los casos más agudos. Además, porque esto expone al niño a una situación relacional delicada frente a los profesores con quien va encontrándose... y a veces, frente a sus propios padres.

En las páginas siguientes se verá que es posible prevenir esta situación. Se mostrarán cuáles son las señales de alerta que hay que tener en cuenta, así como lo que hay que hacer cuando los problemas resultan evidentes.

¿Escuchar, oír?

Las distintas reacciones que pueden darse en el tema de la atención demuestran la importancia de empezar haciendo un análisis semántico del término: ¿qué sentidos envuelve la palabra «escuchar»?

Escuchar, según el *Diccionario de la Real Academia* significa «Prestar atención a lo que se oye», y «Dar oídos, atender a un aviso, consejo o sugerencia».[1] El *Diccionario del español actual* sugiere, además, «que debe distinguirse entre oír, "percibir por el oído", y *escuchar*, "aplicar el oído para oír" o prestar atención a lo que se oye», y propone como ejemplo «No me estás oyendo», con el sentido de «no me estás escuchando». Puede que algunos autores de diccionarios sean padres sensibles al problema...

Lo que establecen las definiciones es, en primer lugar, la diferencia que se percibe normalmente entre escuchar y oír: a priori parece imposible escuchar sin oír previamente, pero a menudo hace falta saber escuchar para poder oír —y para entenderse con alguien—. La práctica de la psicología nos lleva a privilegiar la diferencia: oír, en el sentido psicológico, no exige una participación activa; mientras que escuchar reclama, en cualquier caso, una verdadera implicación y sugiere, la mayoría de veces, una acción consecuente: obedecer o memorizar.

1. Diccionario de la Real Academia Española, Espasa, 2001.

11

Esta diferenciación, de entrada, parece fácilmente comprensible. Por ejemplo, existe un pequeño matiz de significado entre «oír música» y «escuchar música». En el primer caso, la música se me impone, y por lo tanto mi actitud es pasiva; en el segundo, pasa a ser activa: estoy atento a la melodía, a los instrumentos, a la emoción que produce, etc.

¿Escuchar no sobrepasa, de algún modo, la mera aceptación auditiva? ¿Qué significa exactamente «estar a la escucha del otro»? ¿Se trata únicamente de ser sensible a los propios deseos? ¿No tiene en cuenta otros factores? Si pensamos, por ejemplo, en el caso de los niños sordos o con dificultades auditivas, tomamos plena conciencia de que existe otra manera de escuchar, otra forma de interaccionar.

Escuchar a veces puede significar ir más allá de lo que uno oye, más allá de las palabras.

Llegar a entenderse

En todos los casos, los padres que llegan a la consulta porque su hijo «no escucha», o porque «hay que repetirle las cosas cien veces», testimonian preocupaciones reales y no siempre inmediatas: **el niño que no escucha es difícil de tratar en estos momentos, pero a la vez es preocupante pensar en cómo afectará esto a su futuro. ¿Qué va a pasar si continúa así? ¿Cómo se integrará en la sociedad?** En esta sociedad que, además, no le da la importancia suficiente a la atención y la escucha, pero que es exigente en cuanto a la obediencia y al respeto de las normas. El padre puede ser paciente y relativamente tolerante cuando se trata de su hijo; la sociedad suele mostrarse con frecuencia algo menos comprensiva.

12

El problema de la atención en el adolescente debe tratarse aparte, ya que el adolescente, hasta el momento, puede haber sido un niño muy dócil y un cambio así en su comportamiento resulta particularmente difícil de llevar para los padres.

Pero también porque esa «no-atención» no resulta forzosamente pasiva: puede traducirse en oposición, revuelta, agresión, y a menudo se convierte en fuente de conflictos que en ocasiones resultan muy violentos y que dejan a los padres particularmente desconcertados. En definitiva, porque sus consecuencias pueden afectar de una manera más seria a su futuro.

Sin embargo, la situación puede mejorarse notablemente, del mismo modo que puede volver a surgir el diálogo. En algunas ocasiones, el aviso puntual de un especialista será suficiente cuando se trate de remediar problemas de relación fáciles de resolver en el seno de la familia. Cuando los conflictos se revelan más serios, sea en casa o en el colegio, cuando pasan a ser preocupantes, puede darse una evolución favorable siempre y cuando se cumplan dos condiciones:

— saber ser paciente, puesto que los bloqueos que se producen pueden haber cristalizado durante años y no es fácil que desaparezcan en unos días;
— armarse de fuerza ante el niño o el adolescente y no dejarse llevar por el desánimo, ni siquiera en los momentos de enfados o agresividad.

Por el contrario, la impaciencia y la disgregación del entorno ante el problema constituyen elementos de pronóstico desfavorable.

Por lo tanto, esta obra está escrita para todos aquellos padres enfrentados en diferentes grados a este problema crónico o transitorio, para los que se plantean preguntas sobre el tema, o los que desean saber cómo actuar para

no encontrarse con esta situación. Está dirigida a los profesores que se preocupan para que lo que enseñan sirva
de algo, interesados en que sus alumnos les entiendan.
Así, padre o educador, todos nos hemos encontrado un
día enfrentados al problema de la atención.

1

Pequeñas constantes de cada día

Normalmente todo empieza por la mañana: «Despierta, ¡es hora de levantarse!». Esto, por lo general, no implica muchas dificultades... al menos en los niños más pequeños (lograr que se acuesten resulta algo más delicado). No, levantarse no supone un problema. Los primeros «síntomas» se manifiestan sobre todo en el momento de vestirse, de lavarse los dientes, del aseo en general... Es en estos momentos cuando hay que «repetir cien veces lo mismo...».

Pero, ¿cuándo se desencadena exactamente?

¿Bebé feliz?

Pocos padres se quejan porque su hijo no les escucha, sino por las razones que hemos mencionado anteriormente, porque no muestran una actitud obediente.

Sin embargo, el bebé oye y escucha perfectamente: desde ahora resulta una evidencia para todos, demostrada, además, por la neurología. El niño ya percibe sonidos en el útero:

Eva es un bebé encantador: tranquila, agradable y fácil de cuidar. Es cierto que hay algunos momentos circunstanciales

15

que resultan algo más difíciles, pero nada serio ni extraordinario, sin demasiadas preocupaciones. Los padres están contentos, las educadoras que se ocupan de ella en la guardería también; además han remarcado que Eva «no llora por nada...». Y es cierto, no es una niña perezosa, ni angustiada y, cuando llora, lo hace para expresar una «verdadera» necesidad, una inquietud «real».

Pero existen, justamente, dos situaciones aparentemente anodinas que hacen que la niña inevitablemente reaccione llorando: cuando suena el timbre de casa y cuando oye la alarma del coche de su padre. Sin embargo, estos dos casos no representan ningún peligro, representan dos escenas normales de la vida cotidiana. Entonces, ¿por qué llora Eva?

Pues sencillamente, porque ese tipo de ruidos hacía reaccionar a su madre cuando estaba embarazada de Eva, y esta los percibía como una agresión en un medio sonoro más bien tranquilo.

Eva ya apreciaba las reacciones maternas en el útero, y el ligero estrés que su madre sentía en algunos momentos se convertía en el suyo propio. Desde antes de nacer, una sensación desagradable iba asociada a la audición de un sonido que ella ya percibía, puesto que se trata del mismo sonido que actualmente provoca su llanto. Eva oía en el útero.

Se han necesitado algunos meses para que todo vuelva a la normalidad, el tiempo para que Eva haga suya la experiencia de forma personal. Poco a poco —y porque sus padres la tranquilizaban cada vez que sucedía—, ha entendido que ni el sonido del timbre ni el del claxon eran peligrosos, puesto que no les seguía ningún efecto nocivo. Ha dejado de llorar en esas situaciones de forma progresiva.

Así, este ejemplo nos demuestra que ya en el útero materno, un bebé oye. Las investigaciones se han centrado en este aspecto en las últimas décadas del siglo XX. Una de las experiencias más famosas ha sido realizada por Jean Feijoo,[2] y ha consistido en hacer escuchar fragmentos específicos de *Pedro y el lobo* a futuras mamás... Un año después del nacimiento de sus bebés, se ha vuelto a realizar la misma prueba con los niños estimulados *in utero*, ante lo que explica el científico: «Entiendo que interviene un elemento de estrés (ropa manchada, hambre, caída, necesidad de dormir) y les he hecho escuchar un cierto número de frases melódicas variadas haciendo que intervenga, en un momento dado, el bajo de *Pedro y el lobo*. Seis veces de siete, el bajo ha calmado el llanto que otras estimulaciones no han podido parar».

Un segundo ejemplo, más bien divertido, nos llevará empíricamente a la misma constatación:

> Celia aún está en el vientre de su madre. Sus padres se alegran mucho de su llegada, como lo hicieron anteriormente de sus cinco hermanos y hermanas. Y como siempre, hacen proyectos, imaginan, plantean hipótesis más o menos difusas, más o menos idealizadas, sobre la pequeña que está por llegar.
>
> «¡Le encantará la música!», dicen. ¿Por qué? Porque cuando oye a su hermana mayor tocar el violín se mueve mucho dentro del vientre de su madre. Siempre que la hermana mayor toca unos acordes, el bebé muestra en el útero mucho dinamismo.
>
> Celia nace, pero, vaya, la primera vez que oye (otra vez) a su hermana tocar, se pone a... llorar. Lo que sus padres habían interpretado como la expresión de una gran satisfacción, en realidad se trataba de una gran molestia. Esto les hace gracia, y reconocen que las cualidades artísticas de la hija mayor aún no están muy reafirmadas...
>
> En definitiva, que puede que no estén equivocados, ¿Celia protestaba porque su hermana tocaba mal (o sin afinar)?

---

2. *Les Cahiers du nouveau-né*, 5, «L'aube des sens» («El comienzo de los sentidos»), Stock, 1991.

¿Y si estas fuesen las premisas de una futura verdadera y gran música?

Así, el feto oye. ¿A partir de qué «edad»? Feijoo lo sitúa entre la semana 22 y la 27, pero no excluye la hipótesis de que pueda ser aún más precoz.

Instalar la relación

De estos ejemplos, podemos extraer que el bebé que está de camino experimenta emociones, de la mano de los estímulos que percibe su madre.

En realidad, lo que nos interesa aquí es que nuestro futuro bebé experimenta las emociones de su madre, y aún más, las de su entorno. De cierto modo, en la medida en que se entabla la relación a través de la atención que se le dedica, se tejen los primeros vínculos que sabemos que resultan esenciales para su porvenir. Las palabras, los proyectos, las precauciones que se toman alrededor de la llegada del bebé preparan un entorno en el que este ya se tiene en cuenta. Sin que diga nada, sin ni siquiera estar en la cotidianeidad, de forma visible, ya le prestamos atención.

No solamente nos oye, sino que nosotros, desde el primer momento, estamos a su disposición. La relación está instalada.

Sin embargo, a propósito de esto, hay algunas cosas que tienen que quedar claras. La primera es que resulta inútil para los padres culpabilizarse si consideran no haber aportado la suficiente atención al feto antes de nacer. Sólo existe una manera para atraer la atención de su hijo, no hay un único camino para conseguirlo, sino una multitud de vías propias de cada uno y de sus historias. Tampoco se trata de afirmar que tiene que ser así y no de otro modo. La manera de «pensar su hijo» puede ser múltiple y traducirse en diferentes maneras de entender este proceso... ¿Qué sucede con la madre que, por razones diversas (enfermedad, preocupaciones personales o familiares), no puede hacerlo? Incluso si no se ha «pensado» en el bebé con mucha frecuencia, se ha hecho de forma puntual, nunca es demasiado tarde para decirle: «Sabes, cuando estabas en mi barriga, tenía muchas preocupaciones, me inquietaba tal cosa... Estaba contenta de que vinieras al mundo pero estaba tan enferma (o desconsolada, o...) que en esos momentos pensaba poco en ti... pero cuando naciste, me entró una alegría enorme». Puede ser que expresar estos propósitos, cuando la situación se presente o encuentre la oportunidad, le permita volver a tejer o estrechar los ligeros vínculos del principio.

La culpabilidad paterna resulta inevitable, pero no está justificada. Cualquier padre hace lo que puede, y no lo que quiere. Todos los padres con los que me encuentro en mi consulta desean lo mejor del presente y del futuro para su hijo. Cuando llegan quejándose de ellos, lo hacen con una carga de esperanza que en el fondo no es otra cosa que esperanza para el niño. La educación se va construyendo a base de tanteos, improvisaciones y reflexión. Está formada por momentos de tranquilidad, apaciguamiento, sonrisas, risas... Pero también de tensiones, nervios, enfados, descontroles sin importancia de cualquier relación humana. En psicología, a menudo nos encontramos con los términos «globalmente» y «suficientemente». ¿Por qué? Porque una relación «globalmente» satisfactoria no es un ejemplo de conflictos, sólo cuando estos son muy frecuentes y/o demasiado intensos, hasta el punto de resultar preocupantes. El término «suficientemente» ha sido tomado del psiquiatra inglés Donald Woods Winnicott, uno de los pioneros en el estudio de la

19

psique infantil. Este creó el concepto de madre «suficientemente buena», para describir a una madre ni totalmente perfecta ni totalmente imperfecta, aquella que respondería a las necesidades de su pequeño, pero sin que fuera sistemático debido a las propias dificultades cotidianas. Así, este científico ha demostrado que el «entrenamiento» de la atención o la renuncia que implican estas actitudes resultan beneficiosos para el niño, en la medida en que su existencia presente y futura sea y continúe siendo así.

Lo que oye y lo que no oye

Al final de la jornada, las ocasiones de repetir cien veces lo mismo se multiplican. Un padre hablará de la dificultad de hacer comer a su hijo, otro insistirá en su reticencia a la hora de hacer los deberes, un tercero se desesperará porque nunca recoge sus juguetes, un cuarto evocará el momento del «acuéstate» que suele suscitar lloros y berrinches...

Sin embargo, si se plantea la pregunta: «¿Verdaderamente nunca escucha nada?», todos responden al respecto: «¡Oh, sí! ¡Sólo hay que ofrecerle alguna cosa que le interese! Si le propones, por ejemplo, ir a la feria, seguro que no tienes que decírselo dos veces...»

Esto tranquiliza sobre la capacidad auditiva del que no escucha...

Una primera constatación global pasa por afirmar que pocos padres escapan de este fenómeno. Cuando realizo conferencias en materia de educación, casi siempre, en un momento u otro, surgen una o varias preguntas sobre la atención... Y siempre suscitan el mismo interés en la sala, las mismas miradas y sonrisas de connivencia.

La segunda constatación radica en que existen franjas de edades más sensibles que otras. El periodo que va de 1 año a los 7 sería aparentemente mucho más complicado. Los 7-10 años serían algo más «buenos». A partir de los 11-12 años surgen otros problemas de obediencia. Aunque siempre pueden existir excepciones, claro está.

La tercera constatación es que el «no me escucha» a menudo suele asociarse con el «no me obedece». Esta sustitución no resulta en ningún caso anodina, y su interpretación nos aclarará, a su vez, las posibles causas y enfoques adecuados.

La cuarta constatación es que la falta de atención va siempre, más o menos, ligada a una tarea desagradable o considerada como tal por el niño. La petición de algo agradable no suscita, ni mucho menos, la misma resistencia.

¿Por qué no escucha?

Imagine la siguiente situación. Usted se encuentra cómodamente instalado(a) en su coche, transitando con tranquilidad, sin ninguna preocupación particular. Entonces, el semáforo se pone en rojo y usted se para. Lo hace por dos motivos: uno, porque obedece a un reglamento definido por el código de la carretera, cuyo incumplimiento puede suponer una sanción; y dos, porque sabe que respetar esa norma garantiza su seguridad. Así, su reflejo viene condicionado por una ley interiorizada, de la que ha entendido los beneficios puesto que usted es adulto. Ha aceptado la imposición de tener que pararse ante el semáforo por temor a la sanción, pero también gracias a la comprensión intelectual de su utilidad.

Por ese motivo, al niño no le resulta tan fácil obedecer. Es cierto que el «miedo a la policía» es determinante en la aceptación de una imposición, que responde al primitivo mecanismo de la obediencia. Pero comprender la regla, su necesidad y sus efectos positivos procede por mecanismos más elaborados intelectual y culturalmente, a los que el niño aún no ha accedido.

Para entenderlo, volvamos a nuestro ejemplo. ¿Qué sucede cuando usted llega ante el semáforo en rojo? Pasa del principio de placer inmediato (transito tranquilamente, de manera confortable, a mi ritmo) al principio de realidad (el semáforo me obliga a pararme, y por lo tanto, a perder tiempo, etc.). Los efectos beneficiosos de esta imposición sólo aparecen pasado un rato: se trata del «principio de placer diferido», que también podemos llamar «principio de placer secundario». En este caso, este tipo de placer no aparecerá hasta que no pueda pasar con la máxima seguridad, cuando el semáforo se ponga verde.

El niño que no escucha, no acepta la imposición de una orden o una petición, puesto que este se mantiene en el principio de placer inmediato y aún no ha accedido al principio de placer diferido (o secundario). A pesar de que lo que le pedimos es «para su bien».

Para permitirle evolucionar, ahora y más adelante, con seguridad, también hay que proporcionarle las claves de un código social necesario para él. Entonces, ¿cuánto tiempo le va a hacer falta para que lo entienda, para aceptarlo? ¿Cómo hemos interiorizado nosotros mismos, ya adultos, esta noción? Gran parte del problema de saber escuchar reside en esta cuestión.

2

El aprendizaje del placer diferido

Recuerdo a una madre que se sorprendía y preocupaba porque sus hijos no la obedecían. «Siempre es igual —me decía— tengo que repetirles diez veces lo mismo, y a veces hasta regañarlos...». También añadía: «Entiendo que les moleste cuando están jugando, pero es que ¡cuando no están haciendo nada, pasa lo mismo!» Creo que le sugerí que «no hacer nada» podía representar para el niño una fuente enorme de placer.

Escuchar y sus consecuencias, obedecer, implican una frustración para el niño; si juega (o no hace nada), entonces tiene que pasar a una etapa menos divertida. Su actitud inicial pasa por no hacer caso. ¿Por qué motivo?

Después, mañana, más tarde: nociones para vivir

La psicología del niño resulta muy simple y muy compleja a la vez. Entre los conceptos que la caracterizan, existe uno muy importante que los padres y los educadores deben recordar.

Psíquicamente, los pequeños funcionan en el aquí y ahora. Lo que no ocurre en ese mismo instante no tiene ningún valor para ellos, ni muestran un mínimo interés. No poseen la capacidad de anticipación. Esta facultad, esta aptitud, no es innata, sino aprendida, debe vivirse para que pueda ser interiorizada. Únicamente se adquiere poco a poco: se considera que, si todo va bien, a los 6, 7 u 8 años se encuentra (casi) asentada.

Un síntoma objetivo permite evaluar su presencia, y es el hecho de que un niño sea capaz de situarse en el tiempo. Hacia los 5-6 años, por ejemplo, es capaz de decir en qué día estamos o qué día será mañana. Se trata simplemente de una competencia intelectual, el indicador psíquico que toma conciencia de él y de su posición con relación al tiempo que pasa. Toma conciencia de un presente, así como de un pasado y de un futuro.

Imagine qué avance supone esta adquisición. En lo que respecta a nuestro tema, aún se manifiesta y continuará haciéndolo a través de placeres inmediatos; sin embargo, a partir de este momento, el pequeño puede aceptar más la idea de un placer diferido, de algo secundario.

Ahora bien, que los padres no se preocupen, porque no tienen que llegar a la edad de los 6, 7 u 8 años forzosamente para que el niño les haga caso. Esta aptitud aparece progresivamente, y puede que desde muy joven ya acepte poco a poco suscribir la petición paterna. Por el contrario, la llegada de la «edad de la razón» no resuelve todos los problemas, puesto que el acceso global a una aptitud no quiere decir que su adquisición sea real.

En cualquier caso, el hecho de que el niño no integre esta «noción» de anticipación puede constituir una importante causa de muchas desventajas a diferentes niveles. Esta adquisición es lo que va a permitirle que escuche, que atienda, consciente o inconscientemente. En el contexto escolar en particular, este aspecto va a propiciar el aprendizaje, debido a que aprender resulta frustrante. Esta frustración sólo puede ser aceptada si uno «sabe» que existe un después. ¿Por qué, sino, aceptamos la imposición de aprender, igual que lo hacemos con las normas

24

de la carretera, por ejemplo? Porque en este caso sabemos que después podremos conducir solos un coche.

Con tal de afinar más nuestro análisis, cabe señalar que el principio de placer diferido se suma, en el aprendizaje, al principio de placer inmediato. Esto lo sabemos gracias a la experiencia, pero el niño no; se trata de una de las adquisiciones más importantes de los primeros años de vida.

La conciencia del otro

Debe tenerse en cuenta otro aspecto del psiquismo del niño, y es que este no posee conciencia del otro en tanto que individuo, con necesidades propias. El otro está ahí, desde luego —mamá, papá, las hermanas, los hermanos, etc.— pero estos sólo existen con relación a él, para satisfacer sus necesidades, ayudarle o, a veces, todo lo contrario, en el caso de los hermanos y hermanas o de los compañeros de la guardería, para impedirle jugar tranquilamente... De ahí que se produzcan algunas insatisfacciones expresadas en llantos del pequeño cara a cara con sus padres, o los «enganches» que podemos presenciar en la guardería con aquellos o aquellas que le impiden acceder a su placer inmediato.

Para el pequeño, la toma de conciencia, la percepción inconsciente de que el otro posee una existencia propia, con unas necesidades específicas, se construye únicamente de forma progresiva. Hasta ese momento sólo vive centrado en él.

¿Egoísmo? No exactamente, si le damos una connotación moral a este adjetivo.

Los niños son, han sido y serán todos así. Incluso puede afirmarse que constituye una fuente de felicidad que sea de este modo, puesto que esta actitud, esa pulsión vital es la que le permite vivir, la que le ha permitido al hombre sobrevivir en el plano filogenético.

Es cierto que, en la guardería, a veces observamos en algunos niños actitudes consoladoras con respecto a otros: ¿qué pensar ante esto? Puede realizarse la hipótesis que la expresión manifiesta de esta destreza (los llantos, por lo común) despierta más un sentimiento de consolación que no uno de compasión y/o empatía. La diferencia radica en la aprehensión del fenómeno, la compasión y la empatía presuponen la capacidad de ponerse en el lugar del otro, de su experiencia. Así, que un niño consuele revela sobre todo un movimiento reflejo más que una verdadera muestra de sufrimiento hacia el otro.

De este modo, tanto el bebé como el niño pequeño toman conciencia del otro progresivamente, no pasan de una etapa a otra del día a la mañana. Un extremo lo constituyen algunos niños que no toman conciencia del otro nunca (o lo hacen muy levemente, demasiado tenue para una vida social) y de la necesidad de tener en cuenta sus propias necesidades.[3] Por otro lado, la instauración de esta noción no excluye los descontroles puntuales, ya sean individuales o colectivos; y para verlo, la Historia, contemporánea o pasada, nos aporta numerosos ejemplos. Volviendo a nuestro objetivo, **la capacidad de anticipación, junto a la de ponerse en el lugar del otro, de sus necesidades, de sus peticiones, representan conquistas necesarias para que el niño muestre una atención satisfactoria.** Si estas no son lo suficientemente sólidas, tendrá dificultades a la hora de escuchar y, sobre todo, de obedecer.

---

3. En psiquiatría, las personalidades psicopáticas constituirían los representantes extremos de lo descrito: en efecto, el psicópata, por su comportamiento, parece no tener conciencia del otro. Todo transcurre como si estuviera solo en el mundo y actúa o reacciona únicamente en función de sus pulsiones.

Enseñarle a anticiparse

Cuando, por la noche, a la hora de dormir, le dice a su bebé: «Duerme bien, cariño, hasta mañana», usted está realizando desde las primeras semanas una actuación consciente sobre la capacidad de anticipación.

Cuando, tiempo más tarde, usted deje a su hijo delante de la guardería por la mañana y le diga: «Vendré a buscarte yo (o papá) a mediodía», está aplicando un proceso similar.

En los dos casos, el niño adquiere una experiencia inconsciente positiva de anticipación. Positiva porque después de cada momento, usted vuelve a estar presente. Se da un antes, un durante y un después.

PARA SOPORTAR LA FRUSTRACIÓN

Para que un niño acepte la noción de placer diferido, es importante, para empezar, que conozca suficientemente los placeres inmediatos; sino, ¿para qué haría el esfuerzo de atender a un beneficio hipotético? Como resulta más certero, preferirá aprovechar su deleite aquí y ahora cuando la ocasión se lo permita. Se dan numerosas escenas en que se hace patente este acto placentero guiado por una experiencia inconsciente, y como ejemplo concreto, la cantidad de robos que se producen; las consecuencias no importan demasiado, sólo el placer que procura ese momento.

El niño, al igual que el adulto, no es capaz de aceptar algunas frustraciones, a pesar de ofrecerles a cambio ciertas satisfacciones.

Es cierto que al principio, todo ocurre no sin alguna reticencia que otra. Seguramente habrá que aguantar algunos lloros, compensar la ausencia del chupete, pero poco a poco, como su hijo se fía de usted y siempre vuelve a aparecer, el bebé y el niño aprenden el mecanismo de la anticipación. El después ya es conocido, pertenece al orden de lo consciente, y se ha experimentado, por lo que pasa a ser del ámbito de lo inconsciente.

Otro aprendizaje pasa por la famosa pulsión oral descrita por Freud, que empuja al bebé a satisfacer sus necesidades alimentarias. Desde que su estómago se vacía, este se manifiesta a pleno pulmón. ¿Qué sucede entonces? Que usted llega y suscribe su demanda, es decir, el bebé obtiene satisfacción inmediata. Mientras tanto, se ha producido una espera, normalmente mínima. Si tarda unos minutos, no pasa nada, siempre que todo acabe bien. Es más, esta espera accidental forma parte de las experiencias necesarias que configuran la capacidad positiva de la anticipación.

Poco a poco, usted «marcará el ritmo» de su hijo dándole las comidas a unas horas más o menos regulares, y en este caso, también se desencadenará en él de forma inconsciente la experiencia satisfecha del antes y el después.

¿Nos estamos alejando de la atención? En absoluto. Lo que nos encontramos aquí son los mecanismos anteriores a la atención, la frustración y la anticipación necesarias para una atención satisfactoria.

Con tal de remarcar la importancia de este aprendizaje, piense en otra situación. Imagine que el bebé con unos padres que reaccionan de forma irregular y que siempre atienden tarde su demanda, sobre todo en los primeros días, en las primeras semanas de vida, sin tener en cuenta sus urgentes peticiones. ¿Qué va a pasar? La relación de confianza necesaria entre los padres y el niño se degradará. Vienen, no vienen, emplean mucho tiempo en responder, llegan cuando no existe ninguna necesidad particular... La mamá, en este caso, representa un apoyo estable para el bebé, protector, tranquilizador. Las primeras relaciones del pequeño con el «después» serán defectuosas. Incluso aparecerá como algo incierto, angustioso, y sólo contará lo que sucede estrictamente aquí y ahora. Este bebé, más tarde niño, posiblemente se mantenga en este esquema porque las experiencias inconscientes de los primeros meses habrán hecho que se instale en él.

Así, se trata, efectivamente, de actitudes repetidas, habituales, y no de retrasos incondicionales, ante todo, porque son beneficiosos. Su constante condición es lo que resulta traumático para el niño. La actitud de la madre no es en ningún caso condenable, pues seguro que ella misma se enfrenta a sus propias dificultades. Una larga depresión, por ejemplo, graves problemas de salud. Incluso si los primeros meses se han visto afectados, será beneficioso que más tarde se recupere el contacto, hablar con el niño, sentarlo en sus rodillas y decirle: «Sabes, cuando eras pequeño, estaba muy enferma y no podía ocuparme bien de ti...Y a veces te hacía esperar mucho tiempo...». Aunque este tenga 2 o 3 años, y no entienda muy bien su significado, percibirá la información de forma inconsciente.

El papel del inconsciente

La aptitud de la atención empieza a dibujarse a determinada edad, aunque no se trate todavía de atención en el sentido consciente de la palabra. La relación con la obediencia, con la autoridad, está vinculada a la calidad de las relaciones que se crean en ese momento.

¿Existe, pues, una relación entre atención e inconsciente? Desde luego, y el siguiente ejemplo nos permitirá entenderlo. Imagínese que está leyendo un libro; en ese acto moviliza conscientemente la vista y el cerebro, que analiza lo que usted descifra. Pero la vista no es el único sentido implicado, a pesar de ser el único que participa activamente. Los otros son pasivos... El tacto, el oído, el olfato, e incluso el propio gusto (por poco que coma algo mientras lee) no reciben menos información: la textura del libro, los sonidos del entorno, y por supuesto, todos los olores. Se perciben una multitud de informaciones simultáneas a través de los cinco sentidos, a pesar de que se es consciente sólo de una de ellas: la visión de los signos y el análisis de estos.

Siguiendo con nuestro razonamiento, imaginemos que su lectura le produce placer: las otras sensaciones percibidas irán asociadas a esa complacencia. Y la mayoría de todo ello tendrá lugar fuera de su conciencia. Así funciona el inconsciente, recibe permanentemente multitud de información inconsciente que asocia a placeres o descontentos más o menos marcados.

Es lo que sucede en el inconsciente del niño. Mientras domina su intelecto, todos sus sentidos le transmiten permanentemente multitud de información ante la que reaccionará en función del placer o la aversión que le proporcionen. Si el hecho de esperar acaba finalmente con la esperada reacción placentera, terminará por asociarla a la experiencia, y de este modo podrá ir integrando la noción de placer diferido de forma progresiva.

3

Un momento sintomático: los deberes

Cuando el niño empieza a ir al colegio, para algunos padres llega un momento temido, el de los «deberes en casa». Podría citar algunas quejas sobre este tema: «Todo va bien hasta que hay que hacer los deberes...» es una de las frases que más escucho en la consulta. Tiene que entenderse bien lo que le sucede al niño en ese momento. Pueden darse varios tipos de casos.

Posibles causas fisiológicas

☐ Falta de audición

No entra dentro de nuestro propósito y, la mayoría de veces, este parámetro no es la causa principal. Esto no significa que tenga que descuidarse. La primera pregunta que hay que hacerse ante un problema de atención es, en efecto, si su hijo escucha bien. Ante la menor duda, la respuesta se la dará un especialista.

Cabe señalar que pueden producirse pérdidas de audición transitorias, relacionadas con determinadas otitis. Es un punto importante a tener en cuenta, ya que el niño puede escuchar perfectamente en condiciones normales

31

y sufrir pérdidas puntuales. Las otitis continuadas deben alertar, puesto que las afecciones que acaban por trascender a veces se convierten en fuente de problemas auditivos —y lingüísticos— presentes y futuros.

□ La fatiga

La fatiga a menudo representa una causa olvidada. Sin embargo, representa un factor que hay que tener en cuenta sobre todo cuando un niño no escucha o no lo hace bien.

Ante la presencia de cualquier problema, de la naturaleza que sea, es necesario centrarse en las causas orgánicas y/o psíquicas. La fatiga psíquica no predispone a una atención satisfactoria, puesto que interfiere en la energía psíquica, y por lo tanto en la capacidad de atender y de obedecer. Si durante las vacaciones los conflictos no se repiten tanto, se debe esencialmente al hecho de que el organismo está más descansado, lo que hace que haya más disponibilidad a la atención. Además, la fatiga favorece la angustia. No la genera, pero propicia que se instale, y cuando estamos cansados, todos somos más sensibles al estrés.

El estrés moviliza energía psíquica, y esta no se encuentra disponible entonces para entablar relaciones o para aprender.

De este modo, con tal de determinar las causas de la fatiga, tendremos que tener en cuenta en el niño:

— la importancia de los ritmos de vida: los horarios de las comidas, de acostarse o de levantarse deben ser respetados de forma general. Si la hora de irse a dormir es a las nueve, no será a las ocho un día y a las diez al día siguiente. En este caso se impone la razón: la energía que demanda el organismo para adaptarse acabará normalmente por generar fatiga. Esta regla «general» no excluye, claro está, algunas variaciones excepcionales;

— la cantidad y la calidad de las comidas también tienen una incidencia en el reposo fisiológico;

— el ruido constituye un factor importante. Además de perjudicar la buena comunicación, el hecho de tener un fondo sonoro demasiado intenso implica que se tenga que hacer un esfuerzo considerable para «pasar por encima» del ambiente;

— el crecimiento fisiológico tampoco hay que descuidarlo: «los empujes de crecimiento» de un niño a veces resultan espectaculares, y aunque no lo sean tanto, exigen un gran gasto de energía;

— el crecimiento psicológico es menos visible: son los momentos en que el niño «no está bien» sin razones médicas precisas, objetivas. Juega con menos frecuencia, está irascible, va de un lado para otro. Esto corresponde a momentos en que experimenta reorganizaciones intensas a nivel psicológico, y el intelecto se ve algo desfasado con respecto al afecto, provocando fatiga. Pero el padre atento, por lo general, es capaz de detectar estos momentos «intermedios».

¿Causas psíquicas?

Una vez descartadas las causas orgánicas e intelectuales, es importante centrarse en las causas psíquicas. Entre ellas, el motivo más importante de los problemas de atención radica en el hecho de que el niño no esté disponible psíquicamente. Que se encuentre «en otro sitio». No puede estar atento porque su energía psíquica no está libre. Está relacionada con procesos defensivos y/o adaptativos conscientes o inconscientes. No se trata de que «no quiere escuchar», como dicen sus padres, ni de que «hace ver que no escucha», sino que no puede. En estos casos, los gritos, amenazas y demás promesas no servirán para nada, lo que hay que hacer es preguntarse sobre lo que le impide estar disponible.

Es inútil hacerle la pregunta: «¿Hay algo que te moleste, que te preocupe?». La respuesta siempre será negativa, ya que estos procesos son totalmente inconscientes. Hay que buscar el origen en su historia o en la de la familia. Así, las cosas podrán ir cambiando poco a poco.

La segunda hipótesis posible frente al conflicto de los deberes puede estar relacionada con la ausencia de deseo de hacerlos o, si se prefiere, con la ausencia de motivación. Este desinterés por el trabajo escolar puede ser transitorio, en cuyo caso no resulta muy preocupante, puesto que entonces el origen del malestar cuenta con fragilidades puntuales bastante fáciles de detectar con la observación, tales como fatiga, enfermedad, preocupación psicológica relacionada con un acontecimiento «objetivable». Este era el caso de Carlos:

Carlos es un niño de 8 años. Su pelo rubio y unas graciosas gafas le hacen parecer «bastante mayor para su edad». Es cierto, su tamaño es superior al de la media.

Cuando sus padres llaman para la primera consulta, principalmente están preocupados, nerviosos y algo tensos: su hijo, según la madre, ya no escucha. «Está siempre en su mundo», «dice que no a todo», «hay que repetirle las cosas miles y miles de veces... y a menudo todo acaba con gritos e incluso castigos...», «¡a veces no quiere hacer los deberes!», añade irritada.

En la primera entrevista, Carlos se muestra muy cooperativo. Responde a todas las preguntas que se le plantean y parece más bien contento. Tiene una hermana pequeña de 2 años: «Es una pesada, en el momento de hacer los deberes siempre llora». ¿Quién se encarga de que haga los deberes? «Papá, cuando vuelve del trabajo...».

El encuentro no revela nada particular. Puede que una pequeña inestabilidad motora. Carlos se mueve mucho, le cuesta estar en su sitio. Por lo demás, se encuentra a gusto en la relación, escucha lo que se le pide, responde pertinentemente. Sólo su movimiento revela cierta falta de serenidad.

¿Qué le sucede a este pequeño? En realidad, nada grave. Estamos en abril, al final del segundo trimestre, todos los miembros de la familia están cansados, y esa fatiga sabemos que favorece la angustia. La hermana pequeña de 2 años aún concentra mucha atención: «Hace muchas tonterías», dice el padre. Y añade: «Tengo que estar constantemente detrás de ella». ¿Se preocupa por el orden? «Sí, en casa sobre todo... Todo tiene que estar en su sitio...» Esta necesidad de tenerlo todo en orden, cuando es excesiva, se convierte en un método para tranquilizarse, revela una personalidad con tendencia a angustiarse... Como el padre, que es quien, después del trabajo, va a buscar a la pequeña a la guardería y a Carlos al colegio. También es él quien «se ocupa de los deberes»... La madre está muy absorbida por su trabajo, y tiene que salir muy pronto de casa por la mañana.

¿Qué ocurre? Estamos ante un caso de angustias múltiples, inducidas y amplificadas por una fatiga generalizada. El ritmo de vida desenfrenado de unos y de otros no facilita el diálogo, el placer de la atención... Carlos, por su lado, se defiende a su manera de la angustia general por medio de la oposición, y el hecho se acentúa cuanta más alta sea la tensión. Es la única manera (inconsciente) que ha encontrado para protegerse.

Una vez analizada la situación, el primer consejo para la familia de Carlos ha sido el de... descansar. Afortunadamente, las vacaciones de Semana Santa no estaban muy lejos. El segundo acercamiento ha sido explicar que Carlos «no lo hacía expresamente», y que su estrategia se trataba únicamente de un medio de defensa... aunque molesto. En cualquier caso, no representaba la oposición a una relación que, por otro lado, resultaba muy afectuosa, a pesar de todo. No iba en contra de sus padres, sino de su angustia. El tercer punto era tranquilizar a estos sobre «lo que podría suceder más adelante. Su resistencia, en esos momentos, en esas circunstancias concretas, no suponía para nada un indicio de posibles problemas en la adolescencia. Era muy importante que esto quedase claro, ya que tras las exigencias y las tensiones repetidas, se planteaban efectivamente la cuestión del devenir de Carlos y de su comportamiento futuro. Finalmente, el cuarto punto consistió en serenar a unos y a otros remarcando que nadie era culpable de sus angustias, sino que eran víctimas de ellas.

Los padres de Carlos tenían que llamarme un mes más tarde si los síntomas persistían... Aún no lo han hecho.

La falta de deseo escolar se vuelve más preocupante cuando se trata de algo casi permanente. En esos casos, se evidencia que la falta de interés por el colegio y todo lo que supone se traslada al entorno familiar, parece como si el niño se desinteresase también, más o menos, de lo que ocurre en su casa. Implicándolo en la vida familiar es como puede volver a involucrarse en el ámbito escolar. En estos casos, también se producen gritos, enfados, amenazas y otras promesas, que no servirán de nada si no se tienen en cuenta las causas profundas del problema.

¿Una historia de los padres?

☐ Cuando reaparece la angustia

Imaginémonos ahora un padre que también haya tenido una escolaridad difícil o simplemente caótica. Pensemos incluso en alguien para quien esa escolaridad haya podido ser dolorosa debido a las múltiples razones que hemos comentado, ninguna o muy poca motivación, sin mucha o demasiado poca disponibilidad psíquica, falta de seguridad, etc. Ese padre desea ahora, ante todo, que su hijo no vuelva a vivir las mismas cosas. En estas condiciones, en el momento en que se sienta al lado de su hija o de su pequeño para ayudarle a «hacer sus deberes»; una angustia, la que pensaba que había olvidado, que creía superada, reaparece. Desde luego, este sentimiento no será consciente. Simplemente se notará tenso, nervioso, estará muy susceptible a la mínima falta, al mínimo error, a la distracción más pequeña: por nada del mundo quiere que su hijo falle... ¡como él!

¿Cómo lo percibe el niño? Para él, el momento de hacer los deberes se convierte en fuente de tensiones, de nerviosismo, de gritos, y a veces incluso de más cosas. En cualquier caso, se presenta de todo, menos una situación tranquila. Inmediatamente, activa procesos de defensa para no dejarse invadir por la angustia del otro. Para empezar, hace todo lo posible para atrasar ese famoso «momento de los deberes»: no escucha, se hace el sordo a cualquier petición que pase por tener que «ponerse a trabajar». Se trata del famoso dicho popular «no hay peor sordo que el que no quiere oír». Cuando ya, después de infinidad de amenazas y promesas, se resigna por fin (es la palabra apropiada), se pone a la defensiva, su energía psíquica está ocupada en alcanzar el objetivo propuesto. No consigue concentrarse, hay que repetirle lo mismo constantemente. Sólo ha captado el mensaje de forma superficial, y a pesar de que en ese instante, al acabar los deberes, una vez superados momentos difíciles, tenemos la impresión de que lo ha entendido todo, que ha comprendido la lección de clase, al día siguiente, en el colegio, el profesor constata que no ha servido para nada. Esta situación a veces es el origen de malentendidos entre padres y profesores, los cuales reprochan a los primeros que no «hacen trabajar» a su hijo, cuando la mayoría de veces no es así. Lo que ocurre, es que el trabajo no ha podido ser eficaz en las condiciones psicológicas particulares en que se ha desarrollado.

☐ «Y a mí, ¿me ha escuchado?»

¿Puede el inconsciente paterno incidir sobre la serenidad psíquica del niño? Parece ser que sí, debido a que nos convertimos en padres en función del modelo paterno que hayamos vivido. Es el famoso «proceso de repetición», con dos patrones esenciales, el proceso de repetición en conformidad y el proceso de repetición en oposición.

Si a mí no me han escuchado, ¿puedo escuchar yo a mi hijo? O al revés, ¿puede ser que escuche demasiado, con el riesgo de invadir su terreno? Tanto en un caso como en el otro, la historia paterna interferirá en la del niño. Veamos otros ejemplos:

— el padre que, a lo largo de su infancia, solo ha evolucionado por medio de tensiones, gritos y órdenes, acaba por encerrarse también él ante toda comunicación posible, y ha perdido, por consiguiente, la costumbre de escuchar al otro. Cuando es adulto, ¿podrá deshacerse de esa desconfianza que le ha permitido sobrevivir siendo niño?

— el padre criado por una madre gravemente depresiva ha integrado un modelo relacional hecho con pocos intercambios. A la edad adulta, ¿será capaz de construir una relación diferente con su hijo? Sí, si se deja ayudar, pero, ¿y de otra forma?

Los padres que han conocido de pequeños graves problemas relacionales a veces poseen grandes dificultades para instalar una relación serena con su hijo. El pasado pesa mucho. La situación no tiene que ser ineludible, siempre que los padres sean conscientes y que reciban ayuda de vez en cuando.

Ahora bien, estos no siempre se dan cuenta de ello. Las defensas aplicadas en los procesos de rechazo, de negación, a veces impiden que tomen conciencia y, sin duda alguna, en este caso, para el o la que lo ha vivido, es posible que le afecte en algún sentido. Esto se debe a que la gravedad de las heridas infantiles puede medirse observando el alcance de los síntomas actuales: malestar, dificultades constantes para relacionarse, incapacidad de asumir una actividad profesional de manera continuada... Algunos de estos comportamientos pueden disimular sufrimientos sobre los que habrá que centrarse más adelante.

¿Solo(a)? En algunos casos, será necesaria la presencia de un profesional, ya que el camino que ha llevado a desencadenar esos síntomas resulta ciertamente doloroso, demasiado para recorrerlo sin ayuda.

En lo cotidiano, incluso si el padre no muestra ningún síntoma de incomunicación, resulta interesante centrarse en él y en su historial: ¿Escucho bien a mi hijo? ¿Qué me impide hacerlo? ¿Qué hay que hacer? Está claro que esta reflexión, ya sea solo, en pareja, o con un tercero, puede permitir, si no saltar un obstáculo, al menos hacer que podamos con él...

¿Qué hacer si no quiere enfrentarse a los deberes?

A veces, el inconsciente de los padres junto al de los hijos confieren un acentuado clima de tensión en el momento de hacer los deberes. Como el niño sabe que el mínimo error puede tener grandes consecuencias, no escucha o escucha muy mal las consignas.

Esta situación hace sufrir a las dos partes, no sólo al niño, sino también al padre, que se enfada y desespera a posteriori preguntándose por qué «se ha puesto así», sin darse cuenta de que el origen está en la angustia revivida. Una vez pasado el momento de la crisis, se siente incluso culpable por su exagerada reacción, se sorprende de no haber sabido controlar la situación. Pero desde que se siente amenazado, desde que nota que está en peligro, el afecto desborda al intelecto. Independientemente de la inteligencia que posea alguien que viva una situación de angustia presente o reactivada, las defensas que aplica (y que pueden traducirse también en agresividad) se imponen siempre ante el razonamiento.

¿Entonces, qué hay que hacer? Ante todo, lo más comprensible es que el nivel de tensión descienda. Pueden tomarse inmediatamente ciertas medidas prácticas y fácilmente aplicables:

— pensar en cuál es el «momento bueno» para hacer los deberes: ¿cuando el niño llega a casa? ¿o un poco más tarde? La respuesta depende de cada uno. Para algunos, lo mejor es «deshacerse» enseguida de ello. Sin embargo, resulta razonable tomarse un tiempo para merendar y descansar. En todo caso, lo que importa es encontrar el momento para uno y para otro en que el intercambio sea lo más sereno posible;

— escoger correctamente la ubicación: ¿la habitación? ¿la cocina? ¿el comedor? Privilegiar el lugar más tranquilo y alejado de cualquier tentación;

— prever el tiempo que se dedicará a esta faena: es preferible hacerlo, sobre todo si la experiencia demuestra que el ejercicio puede durar «horas». En ese caso, una limitación razonable de la duración, se haya acabado o no el trabajo, resulta deseable. Si un niño de 6 a 10 años no ha acabado sus deberes en una hora como máximo, hacerle trabajar más sólo sirve para incrementar el clima de tensión;

— hablar con el profesor e informarle de las dificultades que entrañan los deberes: si se dan los mimos en el colegio, padres y profesores podrán coordinar sus esfuerzos. En el caso contrario, no se producirán irritantes malentendidos sobre el hecho de que el niño no hace nada en casa.

Cada uno tiene que esforzarse para crear el marco más estable posible, en función de su ritmo y de su lugar de residencia. Es un factor importante.

A continuación, el padre tiene que reflexionar sobre él mismo:

— en primer lugar, deshacerse de culpas: si las palabras o los actos han «sobrepasado a su mente», es que su reacción presente resulta proporcional a sus sufrimientos de antaño;

— luego, repasar, precisamente, su propia historia. Esta reflexión personal permitirá intelectualizar lo que no era más que una vivencia puramente afectiva hasta ahora, algo visceral. Si es necesario, la ayuda de un profesional hará que se produzca, sin ninguna duda, un avance más sensible. Todo depende de la importancia de la herida;

— si a pesar de todo, las sesiones de deberes continúan yendo acompañadas de demasiados gritos, lloros, puede que haga falta pensar en recurrir a otra persona para que ayude al niño en esta labor.

El ejemplo cotidiano de los deberes muestra bien cómo pueden asociarse fenómenos inconscientes complejos (la activación o la reactivación de las propias angustias) y parámetros del entorno banales pero capaces de elevar el nivel de angustia de la relación en una situación

41

ordinaria. Existen otras situaciones de este tipo en que la atención se ve afectada: los momentos de irse a dormir, la invitación de sentarse en la mesa, la demanda de orden... Si una de estas situaciones supone un problema, los esfuerzos de actuación estarán centrados, en primer lugar, en los parámetros ambientales (el momento apropiado, el tiempo impartido, la tranquilidad, etc.) y, si resulta necesario, en lo que ese instante puede reactivar en usted. Si de niño tenía problemas de sueño, será más sensible al hecho de que su hijo duerma bien; si tuvo problemas con la comida, estará más atento a lo que pasa en el momento de sentarse a la mesa, etc. Por otro lado, la preocupación se reactiva cuando se vive la misma situación con el hijo: genera angustia, que además se encuentra en el origen de las tensiones de ese momento. Mi propia angustia acaba por angustiar a mi hijo... que ya no me escucha.

4

¿Por qué obedece a los demás y a mí no?

La situación descrita en el capítulo precedente permite entender por qué el niño que no escucha, «que no me escucha», puede atender más a otro y obedecerle.

A diario, este tipo de casos resultan bastante insignificantes, a menudo suele quejarse la madre, sorprendida de ver cómo el padre obtiene mejores «resultados» que ella; a veces, son los dos padres quienes constatan que su hijo es más obediente en clase o cuando realiza alguna otra actividad.

La queja materna

De forma general, las madres se consideran menos escuchadas que los padres. Para tranquilizarlas, hay que tener en cuenta que se trata de una cuestión de competencia.

Resulta más sencillo y complejo a la vez. La razón principal radica en que las madres normalmente están más vinculadas afectivamente a su hijo. Esto no remite a una cuestión de amor paternal, igualmente importante, pero los vínculos que unen a la madre y al niño son irremplazables. Para el pequeño, esta constituye la base de su seguridad inicial. La esencia biológica que han compartido durante los nueve meses de embarazo la coloca en un lugar

43

destacado de la relación padre-hijo. Desde luego, puede cuestionarse si en los primeros meses o años, esta no aporta un mínimo de seguridad a su hijo, si no encuentra en ella la satisfacción de sus necesidades vitales y de sus placeres sensoriales. Sólo en este caso, el sustituto que proporcione al pequeño el sentimiento de protección que necesita ocupará, según él, la primera posición afectiva.

Este excepcional vínculo que se establece entre ellos durante el embarazo explica la separación que en ocasiones se hace difícil tras el parto y la cantidad de depresiones posparto. Algunas veces lo que cuesta afrontar es la finalización del periodo de lactancia, ya que en este caso tiene que aceptarse la ruptura definitiva de esa natural fusión fisiológica.

La madre goza de un estatus psicofisiológico considerable, y es que un niño nunca conocerá una seguridad mayor que la que tenía estando en el vientre materno. Nunca va a volver a disfrutar de ver satisfechas completamente todas sus necesidades.

Las primeras semanas que siguen al nacimiento, la madre continúa siendo quien asegura la protección y complacencia de las necesidades del pequeño... y su placer inmediato. En esta etapa inicial, lo que hay entre el niño y la relación con su madre constituye, ante todo, una historia de placer inmediato.

Es fácil imaginar lo que puede suceder después de esto: **al niño le resulta muy difícil aceptar restricciones de parte de alguien que nunca le ha dado ninguna y que sólo le ha proporcionado placeres inmediatos.** De nuevo se pone a trabajar el inconsciente.

El sólido afecto que ha desarrollado el bebé hacia su madre es una respuesta, en el mismo sentido, al gran apego que la madre le ha demostrado a su hijo. Este compromiso hace que esta se sienta más sensible a sus contrariedades, quejas, malos humores o enfados. Como no quiere ser la que descontente a su hijo, entonces cede con más facilidad, insiste menos, es más tolerante..., lo que le ofrece al pequeño o pequeña un margen de maniobra del que a veces se aprovechan, e incluso abusan.

La proximidad que se establece entre madre e hijo conduce a dos puntualizaciones:

— la atención, el intercambio, suelen ser de mayor calidad en la relación niño-madre que en la relación niño-padre: la proximidad afectiva que existe desde los primeros meses favorece cierta complicidad, una relación única. Esta constatación no significa que el niño no pueda mantener también con su padre una relación de atención satisfactoria pero, por lo general, resulta más fácil con la madre;

— la misma manera en la que la madre ha escuchado durante su infancia puede tener una incidencia mucho mayor sobre su capacidad de hacer que la obedezcan. Imaginemos a una madre que no ha tenido una infancia agradable, distendida debido a varias razones: unos padres rígidos, muy severos, demasiado ausentes, violentos, etc. No tendrá ganas de que su hijo viva los mismos suplicios, y soportará muy mal verlo contrariado, infeliz. Automáticamente será menos exigente con él.

¿Por qué obedece a su padre de buen grado?

Los vínculos que unen al niño con su padre no son del mismo orden que los que mantiene con su madre. No significa que sus sentimientos sean menos intensos, sino que, como hemos visto, como ella ha asegurado su supervivencia durante nueve meses, se produce un vínculo capital.

Así, normalmente, la madre inscribe al niño en un proceso de placer inmediato (en el útero y a lo largo de los primeros cuidados posnatales). En esos momentos el padre no posee el mismo estatus de cara al niño, ya que este no ha desarrollado las mismas experiencia repetidas de placer uterino inmediato y posnatal, evidentemente, por lo que el bebé aceptará con más facilidad placeres diferidos por parte de su padre. De este modo el rol del padre se va precisando poco a poco para el niño: siendo el que aporta seguridad y consuelo, también es el que, a diferencia de la madre, puede ser menos paciente, más exigente. Mientras que los primeros contactos con la madre son sólo placenteros, los primeros con el padre pueden ser menos agradables.

Otro aspecto psíquico puede explicar el hecho de que un niño obedezca más a su padre que a su madre. El vínculo único que tiene con su madre puede generar a esta, por exceso, grandes angustias de responsabilidad. En pocas palabras, puede creerse única responsable de la supervivencia y existencia de su hijo. Se siente como si sólo ella pudiera hacerlo, como si fuese la única capaz de asumir el futuro del pequeño que está por nacer. Esta reacción está muy relacionada con su historia personal. Puede ser que el modelo de su propio padre fuera deficiente. Puede ser que el deseo de tener un hijo fuera estrictamente personal: «Este bebé será mío, para mí sola», etc., lo que apunta a un sentimiento inconsciente, por ejemplo, de haber sido abandonada en mayor o menor medida; de ahí el deseo de tener por fin alguna cosa propia y de no hacer sufrir al niño lo mismo.

Independientemente de las razones que marcan esta exclusividad relacional (que también podríamos llamar relación fusional), los efectos son siempre los mismos: se convierte en generadora de angustias importantes. La madre, en su rechazo inconsciente de tener que compartir con un tercero (el marido, el compañero, las ayudas maternas) la responsabilidad educativa, está siempre alerta, inquieta; se cuestiona constantemente si ha hecho bien en el pasado y si está haciéndolo en el presente, preocupándose en todo momento por el bienestar de su hijo. Se culpabiliza con mucha facilidad, por eso le invade una ansiedad casi insoportable al verse, obligada por ella misma, responsable de todo. De este modo, el niño puede convertirse también en algo insoportable, porque, justamente, nadie más se encarga de él. Este tipo de situaciones no pueden solucionarse sin que se asuma la implicación del padre y el entorno, previo consentimiento a su petición. Sino, cualquier tentativa de ayudar a la madre está condenada al fracaso.

La capacidad enfática del hombre, por lo general, se ve menos implicada que la de la mujer, por razones similares a las que hemos comentado anteriormente, por lo que a él, la autoridad le resulta más «fácil». La experiencia de la maternidad y de los primeros cuidados posnatales «obligan» de cierto modo a la madre a ponerse en el lugar del otro, en este caso, en el del bebé. Esto da como resultado que esté más receptiva, puede que más sensible a las reacciones del pequeño que el padre, quien también se preocupa.

Esta empatía femenina se encuentra reforzada por un potencial muscular más pequeño: con un físico menos importante que el del niño, la pequeña mantiene relaciones más intelectuales, más sutiles. Se encuentra más en la obligación de tener en al otro, de pensar «como el otro», en sus reacciones. El pequeño, con más fuerza física, no tiene la necesidad de emplear esos argumentos y mantiene su atención centrada en él mismo: su preocupación por el otro es menor.[4] Su menor empatía implica más egocentrismo.

---

4. Aquí presentamos un modelo general, algunos chicos también se encuentran desde muy pequeños obligados a encontrar soluciones que no pasen por lo físico para entablar su relación con los demás, lo que hará que se desarrolle su capacidad empática.

Se trata igualmente de una constatación global, sin embargo, la capacidad enfática específica de las mujeres hace que las encontremos muy a menudo en profesiones relacionadas con la ayuda y los cuidados de otras personas y, en particular, de los niños. Los hombres son menos pacientes con los demás. Por eso, la zona de tolerancia de los padres es mucho más débil que la de las madres, ¡lo que ayuda a la hora de que les obedezcan más rápidamente!

En el otro extremo, en ellos encontramos más problemas de violencia, incluso de maltrato.

Así, esa empatía atenuada es lo que permite a los padres tener más autoridad ante su hijo, a pesar de que, hay que precisar, se trate sólo de una constatación global y existan excepciones.

Por otro lado, no hace falta recordar que esa impaciencia educativa, esa falta de tolerancia, el niño se la encontrará en la sociedad, por lo que constituye un aprendizaje indispensable.

¿Qué es la autoridad natural?

Si tenemos en cuenta la afirmación anterior, todos los padres y, de algún modo, todos los hombres, deberían poseer autoridad, pero no siempre es así. Existen madres, por ejemplo, que se imponen a sus maridos o profesores que consiguen más disciplina en clase que sus colegas de profesión. El lenguaje popular habla de este fenómeno en términos de «autoridad natural». Suele referirse a una personalidad que sabe cómo hacer que le escuchen y le obedezcan sin ninguna demostración de fuerza y sin manifestar constantemente su estatus autoritario. Según el sentido común, se trataría de una cualidad que no se aprende, no adquirida, es decir, innata.

Esta forma de autoridad excluye, de entrada, la utilización de la fuerza como medio para hacerse oír, escuchar u obedecer.

Cualquiera puede ejercer esta autoridad a partir del momento en que posea los medios psíquicos, financieros, militares, etc. No se trata tanto de autoridad, como de autoritarismo. En este caso, el otro no tiene más elección que someterse.

Sin embargo, este modo de relación opresor para el o los individuos dominados normalmente no acaba teniendo éxito. Es decir, todos los dictadores acaban un día u otro por hundirse. La razón radica en que para que una relación de fuerzas perdure hay que contar siempre con los medios adecuados. Porque a partir del momento en que la fuerza se debilita... Es lo que puede ocurrir en una familia donde la violencia se convierte en el principal medio de comunicación: desde que el o los padres pierden poder, están ineludiblemente expuestos a su vez a la violencia de sus hijos.

La autoridad posee otra esencia. Se hace necesaria porque el pequeño no cuenta con los medios psíquicos necesarios para medir el peligro que corre y al que puede exponer a los demás, tiene que aprender a vivir con los otros desde su perspectiva egocéntrica natural. Así, cuando el autoritarismo pretende someter, la autoridad está ocupada en transmitir. Puede formular prohibiciones, pero ante todo le ofrece los medios al niño para que comprenda la finalidad.

Cuando la autoridad resulta «natural», no genera tensiones, no ejerce coerción. Esto no quiere decir que no encuentre resistencia u oposición, sino que las maneja de otra manera, fundadas esencialmente sobre el respeto hacia el otro, la confianza, la fiabilidad y la comunicación.

49

☐ El respeto hacia el otro

El respeto del otro y de uno mismo constituye el rasgo más importante del que sabe hacerse respetar sin imponerse. Es el primer triunfo de la autoridad natural.

En ningún momento, el afortunado portador de esta cualidad psíquica no desprecia al otro por medio de juicios de valor, ironía, cinismo, rechazo o desinterés. En su vocabulario no tienen cabida palabras o calificativos degradantes o de desprecio. Incluso si no está al mismo nivel, no tiene las mismas funciones o igual papel, el otro existe en tanto que individuo, como ser humano que es, con un valor propio, con sus debilidades pero también con sus fortalezas y, como todos, tiene que ser respetado.

Así, independientemente de quien tenga ante él, sea niño, alumno o subordinado, nunca se ve afectado en su personalidad. ¿Esto significa que «se lo permitimos todo», que nunca le regañamos? Desde luego que no. Pero si comete errores no lo rechazaremos por completo. Se evaluarán sus actos, sus experiencias, se corregirán o se alabarán, pero sin cuestionar nunca su propia persona.

Un profesor que califica a su alumno de «nulo» —cuando no se trata de un momento pasajero en que está enfadado o de mal humor— no aplica un acto de autoridad, sino de autoritarismo. Más allá de evaluar su trabajo, está desvalorizando su propia personalidad. Este tipo de juicios nunca hará progresar a quienes vaya dirigido. Por otro lado, el profesor que no respete a sus alumnos, tampoco será respetado por ellos y se encontrará del mismo modo descalificado al mínimo error por su parte.

El respeto hacia el otro no es innato. La perspectiva inicial del niño, como hemos visto, se sitúa en el egocentrismo. El sentido del otro, su toma de consideración llega únicamente de forma progresiva. Y tan sólo si él mismo es considerado y respetado por sus padres. Un niño que no ha sido respetado en la edad adulta continuará situándose, en mayor o menor medida, en una relación de fuerza con el otro, ya sea en posición de dominante o de dominado, alternando una y otra actitud en función de los interlocutores. **El niño que no haya sido respetado no respetará a los demás.**

Cuando un padre ha sufrido esa falta de respeto siendo niño, ¿cómo puede remediarlo? ¿El respeto hacia el otro puede volver a aprenderse? Desde luego, siempre que uno se haga las siguientes preguntas: ¿Respeto yo a mi hijo, como padre? ¿Qué palabras utilizo para apreciar lo que hace... y sobre todo lo que no hace? ¿Pienso en felicitarlo, animarlo cuando ha escuchado «correctamente», cuando ha hecho «lo correcto»? Si siempre, o demasiado a menudo, utilizo un vocabulario cruel, si nunca remarco sus esfuerzos, ¿puedo preguntarme el respeto que le profiero, en consonancia con lo que me han enseñado? El reaprendizaje empieza por plantearse estas cuestiones, pero esa primera toma de conciencia sola no es suficiente. Tiene que estar seguida a diario por esfuerzos para conseguirlo, convenciéndose de que a pesar de no ser fácil, lo mejor para que su hijo aprenda a escuchar y a respetar pasa por escucharse y respetarse a sí mismo.

☐ La confianza

La «autoridad natural» sólo es posible en un clima de confianza, en sí mismo y en el otro. Todos hemos necesitado, en un momento u otro, a una persona con una autoridad evidente. Si nos preguntamos sobre ello, nos damos cuenta que se trata, seguramente, de alguien en quien confiamos —y quien a su vez confía en nosotros—.

Para ejercer la autoridad «natural», también se necesitan otras cualidades: tener confianza en el otro, confiar en él.

51

Sin embargo, esto implica una premisa de entrada: tener confianza en uno mismo. ¿De qué se trata exactamente? Aproximadamente, la confianza responde al sentimiento de seguridad que uno demuestra hacia sí mismo —y que comunica al otro—. Confiar en uno mismo está muy relacionado con la confianza que el padre ha transmitido a su hijo en su relación.

El adulto en el que se deposita la confianza comunica una sensación de seguridad, tranquiliza. Por eso se le escucha y de vez en cuando se le obedece. El proceso es muy sencillo: para que la atención sea efectiva, es necesaria cierta disponibilidad psíquica consciente e inconsciente. Es imposible escuchar tranquilamente a alguien en quien no se ha depositado la confianza, contra el que hay que defenderse. Simplemente, porque toda o parte de la energía estará invertida en protegerse.

Pensemos, por ejemplo, que trabaja con un director que observa hasta el gesto más pequeño, que no perdona ningún error, no admite la mínima divergencia, en una palabra, que le obliga a una autovigilancia permanente. Usted hace su trabajo, pero seguro que mucho más mal de lo que lo haría si estuviera completamente tranquilo(a) y relajado(a), en confianza. La energía psíquica necesaria para gestionar el clima de tensión inducido por la actitud disminuye tanto como la que emplea en realizar su trabajo. Por el contrario, con un superior jerárquico que confía en usted y le tiene en cuenta, puede dar lo mejor de sí mismo. ¿Comete un error? ¿No ha tomado, en el momento adecuado, la opción correcta? Lo entenderá, será aceptado de todas formas. No se producirá ni drama, ni conflicto, hablarán, se explicarán, y podrán volver de nuevo al trabajo en las mejores condiciones posibles. Un incidente en su recorrido no cuestionará el conjunto de su carrera.

¿Podemos hablar en ese caso de una relación profesional basada en los principios propios de un bienestar personal a la vez que relacional y económico? En este contexto, más tranquilos, los actores resultan mucho más efectivos.

□ La fiabilidad

Una persona fiable es, en primer lugar, alguien «en quien podemos confiar». Precisamente, se trata exactamente de eso. Es lo que necesita un niño, un padre en el que pueda confiar casi siempre.

La fiabilidad en una persona aporta tranquilidad, no excluye los momentos de debilidad, sino que constituyen ciertos avatares en el seno de una relación globalmente satisfactoria.

¿Por qué la fiabilidad es uno de los resortes de la autoridad natural? Porque un niño sólo podrá aceptar una limitación si confía en sus padres.

Si se le pide que se siente en la mesa, que ordene sus cosas, que se lave los dientes, lo hará. Puede que no sea a la primera —¡hay que ser realista!—, pero quizás a la segunda o a la tercera lo hará, porque sabe que su padre, en el fondo, es benévolo.

El niño o la niña sabe que esa exigencia en forma de limitación no es algo permanente, que no está destinada a perjudicarle. Por su experiencia siente que, aunque le pidan algo desagradable, será al fin y al cabo «por su bien».

La fiabilidad se refiere pues a una cierta constancia. Pero constancia, no rigidez o inmutabilidad, es decir, que lo que está fijado ya puede cambiar, avanzar, evolucionar. A este nivel interviene el cuarto aspecto de la «autoridad natural»: la capacidad de comunicar.

¡ES POR TU BIEN!

¿Quién no ha pronunciado nunca la famosa frase «lo que hago es por tu bien»? ¿Y quién no se ha decepcionado también por la falta de eficacia de la misma? Recordemos que una de las características del niño son, primero, su incapacidad, y luego su dificultad para anticiparse. Lo que le importa, ante todo, es su placer inmediato. Desde entonces, ¿cómo va a creer que lo que se le pide (y que además la mayoría de veces es una restricción) es por su bien? Para él, su bien pasa por jugar, ver la televisión, vivir en su mundo de imaginación que lo absorbe completamente... ahora.

El desfase que existe entre el niño, que vive en el aquí y ahora, y el padre, que organiza el presente anticipando lo que puede pasar en el futuro, es lo que crea la incomprensión.

Como padre, hay que hacer el esfuerzo de aceptar que el niño no entiende esta noción. Irá tomando conciencia de ella poco a poco; por ejemplo, como le dicen sus padres, que ordenar le permitirá encontrar con más facilidad sus juguetes, lo que hará que tenga más tiempo para jugar.

¿Pero entonces, hay que renunciar a la fórmula inicial? Siempre puede sostenerse que diciéndole «es por tu bien», no le hacemos ningún daño, ni a él... ¡ni a nosotros!

□ La capacidad de comunicar

¿La relación de confianza resulta idílica? Parece ser que no, puesto que no excluye las explicaciones, las confrontaciones o las tensiones pasajeras. No se trata de dejar que el niño haga todo lo que quiera y como quiera: existen unas reglas y unos derechos, pero también unos deberes. Así que, simplemente, hay que hablar.

En ese clima, el niño puede expresarse con toda tranquilidad y no temerá en ningún momento ser reprimido. Si su actitud no ha sido la correcta, pues se rectifica, se precisa, sin cuestionarlo todo.

En este punto, me gustaría explicar una práctica observacional realizada en el seno de la educación nacional, durante una veintena de años. En el marco de la psicología escolar, un(a) psicólogo(a) normalmente tiene a su cargo un número considerable de colegios (de diez a veinte según los sectores de intervención). Debido a su trabajo, este o esta se encuentra con numerosos directores de escuela, así como con decenas (¡y hasta centenares!) de profesores. De ahí que constituya un observatorio interesante para analizar la «autoridad natural».

Los colegios que tienen la suerte de ser dirigidos por directores(as) con autoridad natural se caracterizan por tener un ambiente de trabajo agradable donde cada uno respeta la práctica del otro. Resulta realmente sorprendente constatar cuáles son los efectos beneficiosos. Los profesores están contentos de ir a trabajar, y su tranquilidad y su placer se reflejan en los alumnos. Hay menos absentismo por enfermedad, muchos menos cambios en los equipos, lo que conforma un factor de éxito suplementario. La «reputación» de un colegio a menudo va ligada a la expresión de ese clima general.

El director genera todo este buen ambiente gracias a su atención, su presencia y su benevolencia. Acoge siempre con el mismo interés las iniciativas de unos y de otros, las que son afortunadas se aplican y las que lo son menos, se discuten.

La capacidad de comunicar es uno de los reveladores de la autoridad natural. Aunque es necesario precisar, la capacidad de comunicar con claridad, simplemente, y siempre debido a las mismas razones fundamentales, esto es, porque la claridad y la simplicidad de la comunicación tranquilizan. El mensaje no está contaminado por una complejidad técnica, o por ideas confusas, sino que la atención es máxima, la consigna resulta precisa, la ejecución puede hacerse en las mejores condiciones posibles.

Precisamente, no se trata de comunicar «a pleno pulmón». Podría citar el caso de un director que, con la máxima de una comunicación suprema, colgaba todas las directrices, consignas y demás anuncios que le llegaban. La consecuencia fue que la mayoría de veces, las noticias más importantes, camufladas en el conjunto, pasaban desapercibidas, con los efectos que uno puede imaginar: tensiones, malentendidos, reproches, etc. Esto ilustra perfectamente que «la información en exceso mata la información...». Está claro que dicho director, al amparo de una voluntad de comunicar, conseguía una voluntad igualmente implacable (aunque ciertamente inconsciente) de no comunicar.

Sucede lo mismo en el contexto familiar. La autoridad del padre también pasa por la capacidad de pronunciarse. ¿Un proyecto que se había planeado no puede hacerse? Entonces, se explicará por qué, simplemente. En ese caso, el niño depositará toda su confianza en el padre, y ¿qué poca confianza podrá el hijo conceder a un padre que hace promesas pero que nunca, o muy pocas veces, cumple?

5

Consejos prácticos para cada día

Cuando se llega a la exasperación, o simplemente se está inquieto, ¿qué hacer con un niño que nunca o casi nunca escucha? A continuación se enseñan algunos acercamientos concretos.

Luchar contra las interferencias

Frente a un problema de atención, lo que importa realmente es preguntarse sobre los elementos que pueden interferir en la relación con el niño. No se trata de factores sonoros como el ruido exterior, difícilmente controlables e inevitables, relacionados, además, con la vida doméstica y que efectivamente pueden afectar puntualmente en la atención, sino que hace referencia a dos fuentes primordiales de distracción que merecen nuestra atención de forma particular: la televisión y los videojuegos.

☐ Desviarlo de lo que le distrae

Nuestro propósito no es ir en contra de la televisión, que no deja de ser simplemente una herramienta, que puede resultar beneficiosa o perjudicial, y nada impide que la utilicemos. Ahora bien, lo que no puede ser es que haga las funciones de canguro. No debe ser el único medio que tenga el niño para divertirse. Llegado el caso —que a veces pasa— es porque el pequeño no ha tenido a su disposición otras fuentes de placer inmediato. Y no ha encontrado, por lo tanto, otra manera de sentirse acompañado. En los casos más extremos, puede hablarse de dependencia, en la medida en que la televisión se convierta en la única fuente posible de placer.

Si un niño se pasa la mayor parte de su tiempo delante de la televisión, será recomendable ayudarle a disminuir su consumo proponiéndole, de vez en cuando, otras actividades agradables, como juegos, paseos simpáticos, invitar a compañeros, etc. El principio es simple: **no renunciará a ese placer inmediato si no se le proponen otros placeres igualmente inmediatos.** La orden del tipo «¡apaga la televisión ahora mismo! tendrá un efecto muy limitado si no va acompañada de otras alternativas que hagan que valga la pena abandonarla.

Al principio, para que una actividad o un juego le seduzcan, tendrá que ser combinándolos con la televisión. Cuando se dé cuenta de que existen otros posibles placeres, entonces se decidirá a renunciar a ella... o a utilizarla sólo como un medio más, pero no como el único.

Con los videojuegos y las pantallas de ordenador, el problema es exactamente el mismo: un niño estará predispuesto a hacer otra cosa si se le proponen sustitutos igualmente agradables.

Puede considerarse paradójico que un niño no recuerde lo que le dicen sus padres, o no preste atención, cuando es perfectamente capaz de escuchar la televisión o de seguir las consignas de su ordenador durante horas. En este caso, se suma el hecho de que él es el dueño de la situación. Él solo es el que decide, puede encender o apagar la fuente de placer, no está obligado a escuchar permanentemente, delante de la pantalla, puede desconectar, etc.

☐ Compartir con él o el «principio de Mahoma»

Otro acercamiento posible consiste en sentarse a su lado y mirar con él unos dibujos animados, una película, o jugar con su ordenador. El objetivo está en compartir, en interaccionar con él. Es lo que podríamos llamar el «principio de Mahoma», por referencia a la réplica popular: «Si Mahoma no va a la montaña, la montaña va a Mahoma».

Principio que permite mantener una relación, un intercambio sobre un sujeto en común. Si no se muestra interesado en sus proposiciones, interésese usted en las suyas, porque si de entrada no va como esperaba, sentará la base para otras posibles actividades en común. Las reflexiones que hagan juntos, los ratos agradables o las risas que compartan puede que sean las premisas de otros intercambios posteriores.

En realidad, este principio se encuentra en cualquier proceso educativo que se produzca con el niño. En estos momentos, la precocidad fisiológica del pequeño ser humano está reconocida con relación a la mayoría de novedades de las otras especies animales, designada bajo el nombre de neotenia. Dicha precocidad lo hace completamente dependiente de otro física y psíquicamente. Así, es el otro quien, desde su nacimiento, debe llegar hasta él con el objetivo de proporcionarle los elementos físicos y psíquicos que necesita obligatoriamente para vivir.

El niño que no escucha, no dará el paso de acercarse. Es usted quien tiene que ir primero hasta él; así se irá estableciendo un equilibrio progresivo. Una vez adquirida la «costumbre» de otra relación, el niño se instalará en ella.

59

Apostar sobre la costumbre

Los hábitos pueden definirse como un modo de funcionamiento reiterado (esencialmente inconsciente), activado por cada persona con tal de conseguir tranquilidad. Esa sería su función esencial.

En realidad, la costumbre es el funcionamiento psíquico más económico. Y todos las tenemos, pero ni «buenas» ni «malas» según la psicología, que considera válidos todos los hábitos a los que nos empuja nuestro inconsciente.

Que resulten negativos para el usuario o para su entorno constituye otro problema.

Hacer que el niño aprenda «buenas» costumbres es una apuesta útil, ya que, al contrario de lo que afirma la sentencia de Woody Allen, «lo que tienen de buenas las costumbres es que podemos cambiarlas», no hay nada más difícil que cambiar un hábito.

□ **Enseñarle a diversificar sus actividades**

¿Cómo pasar de la fase «te escucho» a «¡escúchame!»? El planteamiento puede que algunos padres lo vean con escepticismo.

Sin embargo, su objetivo es bastante claro: **en primer lugar hay que instaurar intercambios de placer**. Sólo en el momento en que el niño conozca este tipo de correspondencias, aceptará escuchar peticiones que sean menos agradables y profesar, desde ese momento, una atención obediente.

Pero cuidado, no se trata de pasar de golpe de un extremo a otro. Si mantenía escasos o ningún intercambio, no hay que imponerle una invasión relacional, porque, entre otras cosas, no serviría para nada. El motivo radica en el hecho de que podría percibir este exceso inverso como una agresión y aplicar de forma inconsciente otros procesos defensivos tan perjudicial como los anteriores.

Se trata de acercarse a él de forma progresiva, mediante pequeños contactos. Jugando a algún pasatiempo que él aprecie especialmente, leyendo el libro que tanto le gusta, y haciendo el esfuerzo, además, de proponer otros juegos, libros nuevos que se adapten a sus posibilidades y a su edad... Esta situación exigirá un tiempo necesario para el niño. Así, poco a poco, irá jugando solo, leyendo sin compañía, aprenderá a diversificar sus centros de interés por sí mismo. Es cierto que aún se tendrán que compartir algunas actividades con él de vez en cuando, pero a un ritmo más relajado que al principio.

Algunos momentos favorables para el intercambio

A diario se presentan momentos concretos que hacen más favorable el intercambio y de los que hay que saber aprovecharse, así como otros menos indicados para ello, que hay que ser capaz de organizar.

□ Por la mañana

Durante el curso escolar, el momento de levantarse y de preparar las cosas para ir al colegio no resulta demasiado propicio para restablecer una atención deficitaria. La agitación y el estrés son los peores enemigos de una relación serena, ya que por la mañana hay que ir rápido, muy rápido.

61

Sabiendo esto, puede intentarse controlar algunos parámetros materiales. Por ejemplo, si bañarse le supone al niño
una crisis segura, podrá realizarse la noche anterior, de esta forma la perfección de la higiene física no se verá afectada, pero en cambio la de la psicológica sí. Lo mismo sucede con la mesa del desayuno, que puede prepararse la
víspera del día anterior, mejor que a última hora y corrien-
do. Puede que os parezcan detalles sin importancia, pero
hemos podido comprobar que no se produce ningún acercamiento psicológico si no se tiene en cuenta al individuo
y su entorno de forma global. Lo importante es controlar en
la medida de lo posible los imprevistos materiales para que
no se sumen al estrés de las prisas matutinas.

□ Los viajes en coche

Puede ser que usted sea uno (una) de los (las) que lleva a
sus hijos al colegio en coche. Esta práctica representa una
oportunidad perfecta para que se produzcan intercambios.
El espacio obliga al acercamiento. En primer lugar, al acercamiento físico, propicio para el contacto y la atención; en
realidad, existen pocos lugares en casa donde los padres y
los hijos estén tan próximos unos de otros. De esta forma, el
trayecto en coche coloca a todos en el mismo nivel: todos
hacen lo mismo, al mismo tiempo, y se cuenta, además,
con cierta disponibilidad. Entonces será el momento de
evocar, por ejemplo, proyectos comunes: «El domingo
podría hacer esto, ¿cómo lo ves?», de intercambiar opiniones sobre el entorno, urbano o rural: «Qué anuncio más divertido, ¿verdad?», o incluso, por qué no, de plantear cuestiones más filosóficas. El espacio cerrado del coche
constituye un lugar perfecto para las confidencias, las hace
más fáciles porque no se da un contacto visual directo, ya
que el niño siempre está a su lado o en la parte de atrás.

Es el momento de enterarse de varias cosas sobre su vida escolar y relacional. Resulta un punto importante. El padre que se queja de la falta de atención de su hijo, lo más normal es que ignore cómo se llaman sus amigos, los juegos que le gustan, los dibujos animados o las películas que prefiere. No siempre porque no muestra interés en su hijo, al contrario, suele ser una cuestión de desánimo: «No sabemos lo que hace en el colegio, nunca nos cuenta nada...». Ante esta duda, hay que actuar preguntando. La tarde anterior: «¿Qué has hecho hoy?», a lo que normalmente responderá: «Nada...», o algo escueto «Hemos jugado...». Es muy raro que un niño se extienda más sobre el tema, sólo si le ha pasado algo especial, diferente a lo de cada día. Es mejor plantear preguntas más precisas, como «¿Quién ha sido el mejor hoy en el colegio?». La respuesta entonces podrá aportar alguna información.

En realidad, el pequeño o pequeña está cansado(a), y por norma general no tiene ganas de hablar de su jornada de trabajo, así que los padres son los que empiezan casi siempre. Cabe remarcar en este punto que suelen exigirse comportamientos ejemplares a los niños que los adultos mismos están lejos de cumplir.

Por el contrario, puede ocurrir de forma espontánea que un niño explique detalles sobre su vida escolar inesperadamente, y los viajes en coche son los momentos más apropiados para aprender algo sobre sus vivencias fuera de casa y hay que saber aprovecharlos. De ahí la importancia de no tener un acompañamiento musical demasiado alto.

☐ La comida

Otro momento propicio para la escucha es el de las comidas. Recuerde que una atención obediente, para que sea eficaz, tiene que haber sido precedida y/o acompañada de una escucha placentera. De este modo, el momento de las comidas forma parte de esos instantes en que se producen intercambios placenteros. Se vuelve a dar la proximidad y salen de nuevo los proyectos comunes evocados en el coche.

En este caso, también se evitará cualquier fuente de distracción externa, como la radio o la televisión. De vez en cuando puede ponerse la tele, pero si está encendida en todas las comidas, está claro que no será posible mucho diálogo.

No hace falta que los intercambios sean muy trascendentales, pero tampoco hay que equivocarse: el niño va forjando sus conocimientos a través del lenguaje utilizado en esos ratos y en otros en que se da una interacción. Que los niños con mejores resultados en el colegio sean hijos de profesores o de cargos superiores no es casualidad.

LENGUAJE Y CULTURA

Un niño con un entorno cultural y lingüístico deficitario suele encontrar dificultades a la hora de entender los conceptos que se tratan en clase. Entender lo que ha dicho el profesor le supone grandes esfuerzos, e incluso a veces hasta su propio lenguaje le resulta desconocido. Cuanto más desprovisto de este tipo de conocimientos esté, más problemas tendrá a lo largo de su desarrollo escolar, puesto que el desfase entre lo que entiende, lo que vive en casa y lo que se le pide en el colegio o el instituto se irá incrementando cada vez más. Entonces, el esfuerzo que tendrá que hacer será muy grande.

64

Por este motivo, es importante enriquecer el lenguaje y la cultura familiares. No se trata de llegar al extremo de entrar en una dinámica excesiva y repelente, sino de hacerlo de forma natural. Las conversaciones en la mesa, por ejemplo, permiten fomentar el lenguaje y la cultura a través de las experiencias vividas; de este modo, el niño tendrá la oportunidad de hablar de lo que ha aprendido en clase y de hacerlo, además, desde otra perspectiva.

□ El momento de irse a dormir

Para el bebé, o el niño de 8, 9 o 10 años, el momento de irse a la cama representa otro momento importante del día.

Este instante, a menudo, debido a la delicadez que implica su negociación, suele constituir un episodio especialmente difícil para la atención. En la consulta representa un motivo recurrente en las quejas de los padres: «Le cuesta mucho irse a dormir», «Hay que estarse horas...», «Al final siempre tengo que enfadarme, porque si no...», etc. La dificultad a la hora de acostarse y una mala calidad en el sueño, como hemos visto, son síntomas de cierta ansiedad por parte del niño. Pero por muy delicado que pueda ser en algunos casos, en otros este momento puede resultar excelente para mejorar la atención. La propia proximidad corporal a la hora de irse a dormir reactiva los primeros contactos del niño con su padre, por lo que tiene un efecto tranquilizador muy positivo.

Es entonces cuando conseguirá obtener el máximo de información posible sobre la vida del pequeño, porque ¿a qué no estará dispuesto con tal de retrasar el momento de la separación? El más mínimo detalle puede resultar de lo más elocuente. Por eso es importante dedicarle a este momento el tiempo suficiente. Además, ello contribuirá a que haya serenidad y calma.

Leer un cuento puede ayudar a crear un ambiente tranquilo de transición. Ahora bien, ¿cuántos? Entre dos y tres cuentos resulta ya una dosis razonable. Si siempre quiere escuchar el mismo, vuélvalo a leer, será porque le aporta algo a nivel psíquico, ya sea porque estimula su imaginación, o le tranquiliza, o porque la repetición permite que pueda controlar la historia poco a poco y entenderla.

Si necesita pequeños rituales, ¿por qué no hacerlos?. Hasta el punto en que no se conviertan en algo obsesivo. Si quiere su muñeco para dormir, no supone ningún problema, que lo tenga. ¿Teme que no pueda separarse luego de él? No se preocupe, él mismo, llegado el momento, lo dejará sobre una estantería como si fuese un recuerdo más. Si de momento no lo deja, es porque continúa aportándole seguridad.

Si sigue sin hablar de sus cosas, dele tiempo. Si sólo presta atención a una parte del cuento, ya es un primer paso. Si hasta ahora la atención ha sido muy deficiente, lo importante es que, para empezar, vaya haciendo pequeños cambios.

□ El tiempo libre

Como los momentos de ocio no conllevan estrés por definición, se convierten en instantes privilegiados para instaurar o reinstaurar el diálogo.

No importa la clase de juego que ocupe el tiempo libre, incluso si al principio se limita al simple «escondite». Pero si usted juega con su hijo, él lo hace con usted, y no hay que olvidar que una atención obediente pasa en primer lugar por una atención placentera, y el juego seguramente constituye uno de los vehículos más eficaces para ello. Cada uno debe ir descubriendo las pistas a su ritmo y en función de sus posibilidades. De ningún modo se trata de modelos de comportamiento. ¿La comida transcurre en silencio? No importa, ya se hablará en la próxima. ¿La hora de acostarse es catastrófica? Hay que seguir intentándolo, quizá funcione en el sexto o séptimo intento. Continúe lo que emprenda, los cambios no se producen siempre de forma inmediata y manifiestamente eficaces. El proceso terapéutico va acompañado de estancamientos y regresiones que pueden provocar enfados, irritación o nerviosismo. Exige mucha energía, pero nunca en vano. Cada escalón que se vaya superando permitirá progresar.

6

Emergencia: gestión de las crisis

Hay momentos en que se producen emergencias. Se ha podido observar que cuando el niño escucha, suelen activarse procesos inconscientes relacionados con los padres y con su historia personal, pero también con la suya propia. Pueden ser el origen de crisis importantes. La angustia que se activa o reactiva en estas circunstancias actúa como una verdadera caja de resonancia. La gran mayoría de los padres se enfrenta en alguna ocasión a estos momentos de crisis. De todas formas, no resultan preocupantes si no se repiten con mucha frecuencia.

Controlar las propias reacciones

Se ha comprobado que la conducta del niño con respecto a la atención puede resultar variable, ya sea por cansancio, por situaciones que desestabilizan, debido a alguna fase de su desarrollo o a angustias endógenas en periodos de «crecimiento psíquico». Todos estos factores pueden afectarlo y hacer que aumente su fragilidad. También se ha comprobado que las reacciones van, a su vez, en función del estado físico y psíquico de los padres, de aquellos que consiguen, por ejemplo, manejar apropiadamente este tipo de situaciones cuando están de vacaciones o más relajados. Se ha señalado que las personas capaces de ser obedecidas sin dificultad, en general, son también las que menos se ven afectadas por la actitud del hijo, debido a que su pasado no influye negativamente en su comportamiento.

En la práctica, se observa que en todas las familias en las que los progenitores se quejan de una atención insuficiente por parte de sus hijos, suelen existir a menudo uno o varios momentos críticos, como levantarse, preparase para ir al colegio, las comidas, ordenar la habitación, o la hora de acostarse. De estos, casi siempre hay algunos que son más delicados que otros, como cuando se eleva el tono de voz y la «irritación» se convierte en enfado, y este llega, en ocasiones, a palabras o incluso a acciones de las que después uno se arrepiente... cuando la crisis ha pasado. ¿Qué ocurre en estos momentos?

Para entenderlo, la solución pasa, en primer lugar, por controlar esos momentos concretos y tomar conciencia de lo que despiertan en nuestro inconsciente.

La mamá de Javier se quejaba de la hora de la comida, que para ella resultaba un desafío enorme, para el que se preparaba incluso antes de que se produjese. Así, hacer que su hijo se sentase en la mesa, hacerle comer en un tiempo razonable o intentar enseñarle platos nuevos llegaba a ser para ella «una verdadera tortura».

En realidad, lo que le sucedía tenía que ver con su propia historia personal con relación a la comida y a esos momentos de su infancia en que ella misma tenía que sentarse a comer. Cuando se puso a pensar, se dio cuenta de que recordaba algo difícil, conflictivo, algún recuerdo doloroso. Ese dolor, esa dificultad o conflicto, se reactivaban en el momento de la comida de su hijo, de manera que su angustia inconsciente influía en el problema aumentándolo, haciendo que sus reacciones fueran desproporcionadas con respecto a la causa objetiva.

70

Y para darse cuenta de que nuestras reacciones están relacionadas con nuestro propio inconsciente, sólo hay que saber ver algunos síntomas que lo revelan.

☐ La «irritación»

Si una situación recurrente tiene el don de «enfadarnos» cuando no «enfada» a la mayoría de nuestros semejantes, significa que abre alguna herida psíquica inconsciente. El término evoca de forma bastante explícita la idea de una sintomatología nerviosa, lo que no resulta del todo falso, ya que la angustia a veces cuenta con alguna implicación fisiológica más o menos directa.

☐ Somatizaciones

Algunos dolores no son otra cosa que un «medio» para el nivel psíquico de «concretar» un sufrimiento que no encuentra otra manera de manifestarse. En la somatización, parece como si el malestar psíquico sólo pudiese expresarse a través del cuerpo. Si el cuerpo se encuentra frágil psíquicamente, también lo estará a nivel físico, y el dolor se acabará expresando por medio de los órganos más débiles. Seguramente, no todos los dolores de cabeza, de barriga, etc., tienen un origen psíquico, pero si las pruebas médicas no revelan claramente un motivo concreto, puede que haya que preguntarse sobre su origen.

☐ El enfado

En cierto modo, se trata de una de las expresiones del inconsciente más espectaculares que existen. Los motivos que hacen que una persona se enfade no son forzosamente los mismos para otra, y al revés.

71

La cólera, al ser el síntoma de una herida psíquica activada o reactivada, constituye el elemento revelador de una angustia específica. La manera más precisa de acercarse a sus causas pasa por analizar los motivos que la desencadenan. Su alcance es proporcional al tamaño de la angustia subyacente.

Esto no significa que si no es así no se reaccione ante cualquier acontecimiento, sino que la reacción se verá regulada de algún modo, se adaptará a la situación. Por el contrario, si renace una herida psíquica que no ha cicatrizado bien, existe el peligro de que la reacción sea desproporcionada. La angustia actuará nuevamente como una caja de resonancia, amplificando los efectos.

Expresiones que evidencian ese estado son «Estar fuera de sí» o «Me ha sacado de mis casillas».[5] Lo que hace estar «fuera de sí» pertenece al orden del inconsciente, quien, en este caso, domina sobre el consciente. Una vez se ha pasado la crisis y se ha vuelto a la calma, uno(a) se pregunta el motivo por el que ha llegado a ese estado, sin encontrar una respuesta clara por lo inconsciente del mecanismo.

Observe el enfado de otra persona y se dará cuenta con facilidad, se sorprenderá del estado al que puede llegar alguien ante un motivo aparentemente banal. La causa puede resultar vana para usted, pero la herida que ha reabierto seguramente será muy profunda.

☐ «Es más fuerte que yo»

En la vida de una persona, en sus relaciones o en su ámbito profesional, puede ocurrir que se cometan los mismos

---

5. La división de Freud del psiquismo en «el Yo, el Ello y el Superyó» expresa muy bien la idea de que el Yo se forma en función del Superyó (las prohibiciones parentales y otras) y las pulsiones del Ello. Estar «fuera de sí» tiene que ver con las relaciones que uno ha tenido con el Superyó y el Ello.

errores una y otra vez. Puede que alguien sea demasiado perfeccionista o descuidado, demasiado «orgulloso» o demasiado poco, demasiado de esto o demasiado de aquello... O puede también que se tengan maneras de actuar que se saben perfectamente como poco eficaces... pero que se repiten constantemente porque «son más fuertes que uno». Incluso en este caso, se trata de una acumulación de hechos, de sensaciones o de interacciones inconscientes que conducen a la persona a repetir actitudes y actos que se tienen por nada o poco positivos.

En el plano afectivo, es evidente que estas actitudes o acciones deberían adaptarse a algunas situaciones, pero que sin embargo se han sentido como el proceso que se activa en un momento dado, en determinadas circunstancias, y que continua funcionando a día de hoy de forma inconsciente, y que incluso puede actuar en contra nuestro.

Así, resulta interesante para los padres saber descifrar los indicios que se desprenden de sus comportamientos para trabajarlos, porque la mayoría de veces son los que hacen que las crisis sean de magnitudes excesivas o desmesuradas, de las que enseguida uno(a) se arrepiente. Hay que recordar que en caso de conflicto entre el afecto y el intelecto, es siempre este último el que gana. Cuando la crisis ya ha pasado, las pasiones se temperan y el intelecto renace, la pregunta sobre cómo se han alcanzado esos niveles de alteración suele presentarse siempre, y parte de su respuesta se encuentra en el inconsciente.

Controlar las crisis de cólera

En caso de que se produzca una crisis de cólera, la mejor manera de actuar pasa por... no actuar.

Si es vuestro hijo quien se enfada, es inútil preguntarle qué le pasa, no contestará. En realidad, como acaba de decirse, desconoce el motivo por el que se ha puesto en ese estado de inconsciencia. Desde entonces, sepa que no sirve de nada intentar buscar la explicación en ese mismo instante, sólo hace que la tensión aumente, que la angustia se incremente y que sus reacciones resulten aún más exageradas.

Si se tira al suelo, se pone a gritar o llora, lo mejor es que le diga pausadamente: «Ya hablaremos más tarde, cuando estés un poco más tranquilo...», y que abandone la habitación en la que se encuentren. Esto hará que tanto usted como él tengan tiempo de calmarse. Por lo tanto, no resulta útil hablar justo después de la crisis, y el «más tarde» puede trasladarse a un momento en que pueda volver a comunicarse de verdad de una forma más distendida.

No hay que entender este aplazamiento como un rechazo o un abandono, sino como lo que es realmente, una manera de volver a encontrarse los dos con más tranquilidad. La angustia no va a solucionarse si le añadimos más dosis de la misma. Más tarde habrá tiempo de reflexionar, solo o con alguien, sobre el origen de esa inquietud y con el fin de aportar posibles soluciones al respecto.

De este modo, es conveniente evitar tanto como sea posible argumentos que hieran o la utilización de calificativos peyorativos del tipo «Eres malo, no te portas bien, etc.» que no corresponden a la verdad psíquicamente hablando. Si, de todas formas, esto sucede en alguna ocasión, y el enfado alcanza cuotas espectaculares, tampoco pasa nada. Lo grave sería que pasase de forma sistemática. Su hijo sabe, o siente, que también usted puede tener sus debilidades; sabe o siente lo que piensa de él en general, por lo que una situación más descontrolada no hará que se lo cuestione todo.

La idea es evitar entrar en un ambiente de angustias interactivas que interfieran, tomando distancia y neutralizando las consideraciones personales (véase el cuadro de abajo). Esta «confrontación de angustias» es la que suele generar las reacciones más explosivas. La serenidad es la mejor respuesta a ello.

LAS ANGUSTIAS INTERACTIVAS INTERFERENTES

«Sólo puedo mantener una relación serena con otra persona si el otro no reactiva en mí ciertas angustias... o si yo no las reactivo en él». Si es el caso, la interacción de las angustias interferirá en la relación y perturbarla. Este concepto de angustias interactivas interferentes (AII) está en el origen de la mayor parte de problemas relacionales.

Algunas palabras, algunas reflexiones, ciertos comportamientos o «maneras de ser» hacen que se reabra una herida psíquica que no ha cicatrizado bien. Al percibirse como algo agresivo, provoca diversas reacciones como actitudes violentas, encerrarse en uno mismo o que se active un sistema de defensa que impide escuchar con tranquilidad; y que interfieren, por lo tanto, en la relación. Así, una relación globalmente buena con otra persona sólo resulta posible siempre que no se reabran heridas inconscientes en el otro.

En cambio, si una persona tranquiliza a otra y al revés, entonces sí que podría mantenerse la relación con toda tranquilidad. Esto constituye la base de cualquier terapia. El terapeuta, como ha trabajado sobre sus angustias, puede tranquilizar a su paciente, y esto permite que recorran una parte del camino juntos.

75

Aprender de la experiencia

En términos de conocimiento de uno mismo y de los demás, la experiencia, las vivencias propias, resultan útiles. Cuando se trata de las reacciones de un hijo, identificar los momentos sensibles permite prevenirlos o afrontarlos con menos repercusiones psíquicas. Así, cuando una situación se repite más de una vez, hay que saber aplicar lo que se aprende de ellas.

La experiencia implica probar, equivocarse o hasta rectificar, pero a largo plazo se impone a todas luces como algo productivo.

Por lo tanto, resulta imprescindible reflexionar sobre el origen de las crisis, el contexto en que se producen, en su desarrollo o en la manera en que se resuelven, y de este modo intentar encontrar los medios para evitarlas o para actuar de manera diferente. Puede solicitar la ayuda de alguien cercano, teniendo en cuenta que a pesar de no estar directamente implicado, lo estará afectivamente, es decir, que no será neutro con respecto a la relación, y sus observaciones no serán objetivas como lo serían las de un profesional totalmente desvinculado.

No desanimarse

El control de las crisis puede afrontarse de dos maneras: de forma preventiva o de forma curativa. La prevención se presentará como consecutiva a la observación de las experiencias pasadas y presentes; la identificación de algunos indicios debería permitir un mayor control, así como pensar en lo que reactivan esos momentos, que deberían ayudar también en el mismo sentido. El acercamiento curativo es relativo a la reacción en el instante mismo de la crisis, y la angustia conseguirá calmarse si se es capaz de tomar un poco de distancia y diferir las explicaciones en el tiempo.

Pero todos estos esfuerzos, preventivos y curativos, ¿resultan realmente eficaces?

Lo que de verdad desanima son los periodos de regresión, los momentos en que «nada cambia», o en que «todo es como antes». Sin embargo, lo importante es aceptarlos, porque es normal que algunas veces las cosas no vayan bien. Pero un mal día no significa que vaya a seguir siendo igual en los próximos días o semanas.

Al principio, la eficacia de este comportamiento raramente será espectacular, las crisis se producirán con algo menos de frecuencia e intensidad, y desde el punto de vista del padre, con más espontaneidad por parte de su hijo. La mejora siempre resulta fugaz, pero en realidad existe; lo que se necesita, también en este caso, es paciencia.

7

Exigir obediencia, pero ¿hasta dónde?

No hace falta señalar que el aprendizaje de las reglas familiares y de las leyes sociales es uno de los más delicados con respecto a la escucha obediente.

El bebé en el útero, a punto de nacer, se encuentra en el principio de placer más inmediato que existe: todas sus necesidades son satisfechas aquí y ahora, algo que no volverá a conocer nunca más. Por tanto, nada de restricciones. Las primeras imposiciones aparecen tras el nacimiento, como puede serlo el tiempo, por ejemplo el que separe su necesidad de alimentarse del momento en que su madre le dé el pecho, por ínfimo que sea; o el entorno ruidoso o visualmente agresivo a la hora de dormirse. Estas frustraciones, por pequeñas que parezcan, existen, y no van a dejar de incrementar y multiplicarse a lo largo de su crecimiento.

El recién nacido, el bebé y más adelante el niño, en tanto que ser social, va a tener que tratar con los demás, con otros seres como él. Aunque al principio sólo sea con los miembros de su propia familia, más tarde lo tendrá que hacer con el resto de la sociedad. Las primeras frustraciones penalizantes pueden producirse desde las primeras semanas o los primeros meses, especialmente en los casos en que los padres se comportan de manera irregular en los cuidados del bebé, con deficiencias o negligencias. Desde entonces, la instauración de una relación de confianza con el otro se hace difícil. Por lo general, se ha observado que ese «clima de confianza» establecido por la presencia de un padre «suficientemente fiable» constituye un precedente determinante para la atención obediente. Sin esto, es imposible esperar un establecimiento estable, «seguro», de este componente de la personalidad.

Cuándo recurrir a la autoridad

Así, el niño, como ser social que es, se va a ver obligado a integrarse en la sociedad. Para ello, padres, puericultores, profesores, etc. le enseñarán las reglas del juego social y, entre ellas, la relación con las leyes. La pregunta que se plantea siempre es la siguiente: ¿Cómo transmitirle esa ley? La respuesta lleva inevitablemente a plantear la cuestión de la autoridad.

La manera de transmitir estas reglas no se ha planteado durante décadas e incluso siglos.[6] Esta transmisión se ha hecho, durante mucho tiempo, siguiendo un modelo que, lejos de ser autoritario, ha sido autoritarista. Este implantaba un tipo de vínculo en que el niño se veía sometido a relaciones de fuerza, y no le quedaba más opción que obedecer, sin elección alguna. El castigo físico no estaba excluido de la manera de enseñar y, lo peor de todo, no estamos hablando de hace mucho tiempo.

Las perspectivas más libertarias que defienden la máxima «prohibido prohibir» tampoco resultan del todo válidas; lo mejor es promover el diálogo, la relación de confianza, la explicación y el respeto a las opiniones. Ya no

---

6. Véase *Quels repères donner à nos enfants... dans un monde déboussolé?* ¿Qué referentes enseñar a los hijos... en un mundo devastado?, Albin Michel, 1997.

sirven de nada la imposición de la fuerza o, por supuesto, el castigo físico.

El problema radica en que ese modelo educativo exige mucho más tiempo, conocimientos acerca del niño o una mayor complicidad entre los educadores adultos (sobre todo entre los padres y los profesores). Es más real, más humano, más constructivo que el modelo anterior, aunque también es más difícil de aplicar.

Sin embargo, parece que vivimos con más violencia, con valores más incívicos o una falta de «educación» en comparación con otros tiempos, hasta tal punto, que se impone preguntarse sobre el acierto o desacierto de este tipo de educación. ¿Nos hemos equivocado? ¿No hay que volver a la autoridad de antaño?

De hecho, parece que exista un enorme malentendido sobre la aplicación de esta educación igualitaria. En un sistema en que el respeto hacia los demás y hacia las normas ha ido siempre por delante, algunos han entendido que el niño tenía todos los derechos del mundo, pero no muchos deberes. El niño-objeto de otra época se ha convertido para ciertas personas en algo más que un sujeto: en un rey. Los papeles han cambiado, y se ha pasado del autoritarismo paterno a ciertas tiranías infantiles.

Los padres que se han visto más desamparados son, sin duda, aquellos que han entendido que el autoritarismo no representaba un modelo educativo válido, pero a quienes no se les han propuesto otros modelos, sin embargo, tampoco han sabido crear otra relación con sus hijos. Con muchas más dificultades que con sus propios modelos paternos autoritaristas, a menudo se han visto reducidos a una educación que podía pasar del laxismo a la violencia, lo que no permite que se produzca una transmisión de las reglas y las leyes serena y globalmente eficaz.

81

En realidad, para algunos se ha pasado de un extremo al otro. Y como siempre sucede en psicología, el exceso de una causa crea el exceso de su consecuencia... o de todo lo contrario.

☐ El final del autoritarismo

Actualmente, el autoritarismo, el «no, porque es así y punto», acompañado de algún castigo, físico o no, o que a una orden le siga algún efecto, ya no encuentra aceptación y resulta obsoleto y aberrante. Esta «relación de fuerzas» educativa se inscribía en un contexto sociocultural donde los lazos de fuerza se imponían y manifestaban de algún modo de forma aún más cruda que actualmente a través de las desigualdades sociales.[7] Este tipo de educación «formaba» esencialmente a individuos sumisos, obedientes, poco inclinados a tomar iniciativas (si no era por la fuerza) y dependientes. Durante siglos, se esperaba de ellos que trabajasen mucho, obedeciesen y se sometiesen más aún, con escasos placeres personales y familiares, para satisfacer las necesidades de una ínfima minoría. ¿Fines ideológicos? No exactamente, sino una realidad, una situación concreta que los países que todavía cultivan ese antiguo modelo educativo conocen.

Por otro lado, la evolución actual de las sociedades no se remonta a mucho tiempo atrás, como, por ejemplo, la francesa, y testimonio de ello son las siguientes cifras: en 1900, había un 1,8 % de estudiantes en secundaria; en 1940, un 5,6 % de chicos y un 2,9 % de chicas; en 1968, un 18,5 % de chicos y un 20,8 % de chicas; y en 2000, un 55,8 % de chicos y un 67,8 % de chicas. La educación es un factor ilus-

---

7. Tampoco es casualidad que después de sesenta años, el medio sociocultural europeo, totalmente inmerso en esta nueva concepción educativa, prefiera antes la negociación que el conflicto.

trativo del progreso de una sociedad en su conjunto. Educar a un niño, si se recuerda, consiste en transmitir valores afectivos, educativos y culturales que le permitirán inscribirse mejor en las coordenadas en que ha nacido y va a crecer. Lo que nuestra sociedad actual y futura exige y exigirá a sus adultos presentes y futuros no pasa únicamente porque sean competentes técnicamente, sino porque también posean cierta facilidad de relación, que sean capaces de adaptarse a funciones diferentes, de evolucionar, imaginar, crear o actuar.

Está claro que una educación autoritarista no genera este tipo de valores. No asienta adecuadamente el bienestar personal y relacional, las capacidades de iniciativa que se demandan actualmente y que se demandarán más aún en un futuro. En un mundo en continuo movimiento, el retorno al autoritarismo sería una regresión perjudicial.

☐ La autoridad, una necesidad

Por el contrario, en un mundo en el que cada uno tiene su lugar, el derecho a vivir no debe ejercerse en detrimento del vecino. La libertad de todos implica menos libertades individuales. La vida en sociedad impone algunas leyes, igual que la vida en familia necesita algunas reglas.

El niño tendrá que aprender a entenderlo. Este aprendizaje representa, justamente, uno de los aspectos más sensibles de la educación, y durará años. Por otro lado, será frágil, como testimonian un número importante de comportamientos adultos, como el de aquel o aquella que nunca ha aceptado respetar la velocidad permitida, que ha estacionando en un lugar prohibido o ha olvidado ponerse el cinturón de seguridad. En este punto, cabe preguntarse si estos casos son muy numerosos. Aunque lo que importa es la naturaleza, la intensidad y la repetición de ese no-respeto. Saltarse la ley de vez en cuando, por inatención, cansancio o irritabilidad, es muy diferente a hacerlo como un comportamiento electivo.

La vida en sociedad es una fuente de placeres, pero también está hecha de limitaciones. Preparar al niño para ella se impone como una necesidad.

¿Cuándo ejercer la autoridad?

El aprendizaje de la obediencia no puede hacerse sin cierto sufrimiento e, independientemente del método que se utilice, conlleva que la relación sea igualitaria. La prohibición es una noción difícil de aceptar, sobre todo, como se ha visto, para el pequeño que aún se encuentra en la etapa del placer inmediato.

Este primer punto resulta importante, puesto que en él está el origen de varias dificultades a la hora de formular la prohibición. A menudo a causa de la reacción contrariada del niño: su llanto, sus protestas o sus quejas pueden activar y reactivar en el padre heridas que harán que renuncie a su demanda. Pero cuando la prohibición está justificada, el llanto del niño no debe significar una renuncia directamente. Esas lágrimas de hoy pueden evitarle algunas preocupaciones posteriores.

Un ejemplo es la siguiente situación. Un bebé empieza a gatear. Arrastrado por su deseo de descubrir el mundo, explorará su entorno y hasta sus nuevas capacidades. ¿Hay que dejarle actuar sin ninguna restricción? No, desde luego. El bebé no es lo suficientemente sólido físicamente, ni posee la suficiente coordinación como para lanzarse a cualquier experiencia, a expensas de encontrar peligros y amenazas para su integridad física. Así, la

84

prohibición está justificada: «No, no puedes hacer eso». Pero también puede formularse así: «No, eres demasiado pequeño, puedes hacerte daño, cuando seas más mayor, podrás hacerlo; pero por el momento, haz otra cosa... Haz esto o aquello, mira esto...». Esta formulación cuenta con algunas ventajas:

— la prohibición es clara, el «no» se presenta sin ambigüedades;

— está explicada: «Puedes hacerte daño». No se trata de un no de conformidad por parte de quien lo formula (un no de conformidad podrá formularse en otras circunstancias);

— está seguida por el planteamiento de una perspectiva futura: «Cuando seas más mayor, podrás hacerlo». Se propone, pues, un placer diferido. El no es firme pero no injustificado ni opresor.

¿El bebé lo entiende? No en el sentido estrictamente intelectual del término, pero se impregna de su esencia. Si a pesar de todo, continúa intentándolo, lo mejor es cogerlo en brazos y llevarlo a un lugar menos peligroso. Seguramente, la operación tendrá que repetirse numerosas veces, hasta que, poco a poco, integre la prohibición, la entienda y la acepte. Durante ese tiempo, el bebé habrá podido integrar la experiencia de sus padres como una vivencia suficientemente fiable; por eso sabrá, sentirá, que puede confiar en ellos, y que las prohibiciones reposan en razones reales y, por otro lado, que tendrá acceso a otros placeres permitidos.

La manera de formular la prohibición es esencial. La explicación y la puesta en perspectiva son las posturas hacia las que se debe tender de forma general. Que se pronuncie sólo un «¡No, no hagas eso!» de vez en cuando tampoco es molesto. No siempre se tiene la paciencia y el tiempo para decir algo más. Lo que importa realmente es la actitud más habitual, el modo educativo que se utiliza en el conjunto. Una vez más, a nadie se le pide que sea perfecto.

Independientemente de las prohibiciones que sean, así como de su modo de formulación, estas (sobre todo las que lleguen primero) no van a gustar al niño. Esto puede generar algunas protestas más o menos escandalosas, más o menos molestas. El padre no tiene que angustiarse por ello: aceptará esas quejas porque sabe (o porque a veces también lo siente) que estas prohibiciones representan una frustración necesaria. Los llantos son «pesados», pero lo son mucho menos que un accidente.

Por otro lado, no hay que olvidar que la prohibición participa de la primera noción que hay que transmitir al niño: la del respeto a uno mismo, y el respeto de la integridad física evitando la experiencia peligrosa forma parte de ella.

¿Cuáles son las reglas incontestables?

En algunas circunstancias, el padre tiene que saber que no puede ceder, en beneficio, sobre todo, del niño. Existen tres prohibiciones esenciales que conciernen a tres reglas importantes que deben ser formuladas desde la más tierna infancia y hasta la adolescencia.

☐ El respeto a uno mismo

El «No, puedes hacerte daño» que acabamos de ver puede declinarse en «No, puede ser peligroso...». Se trata del no del respeto que le debemos a nuestro cuerpo, respeto a la integridad física, noción que a medida que se cumplen años, puede ir revestida de diferentes formas.

Esta regla es muy importante en el niño pequeño, puesto que él no está en condiciones de calibrar los peligros que corre. No hace falta demostrar su necesidad, pero cabe aportar especial cuidado a la forma y el fondo de esta formulación, sin olvidar que estas primeras no son las primeras que se formulan de manera explícita. Constituyen los no de las primeras experiencias, los primeros pasos del bebé. En principio, cuando el niño tiene 6 o 7 años, no es tan necesario, pues este toma conciencia de los peligros que corre, aunque nunca está de más ir recordándoselo de vez en cuando, por mucho que fastidie...[8]

☐ El respeto a los demás

«No, puede ser peligroso...», esta vez aplicado a un tercero, es la segunda regla esencial que debe aprenderse. Después de haber enseñado al niño a respetarse a sí mismo, hay que ayudarle a que respete a sus semejantes, empezando por sus hermanos y hermanas, si tiene, o por sus compañeros de clase.

Al «No, puedes hacerle daño [al otro]», le seguirá el «A ti no te gustaría que te pegaran (te arañaran, te mordieran...), así que no lo hagas. Si no pueden hacerte daño a ti, tú tampoco». Se trata del banal pero eficaz dicho «No le hagas a los demás lo que no te gustaría que te hicieran a ti», que más adelante sobrepasará el maltrato físico, para encontrar su correspondencia en el maltrato psíquico.

Se constata, pues, que esta noción no se adapta bien a una concepción de la educación fundada en la violencia; ningún discurso de este tipo, por muy brillante que sea, tendrá repercusión alguna si se articula al lado de

---

8. Más adelante se verá que, en la adolescencia, esos no estarán de nuevo a la orden del día... pero en este caso serán recibidos, sin duda, de una forma más inconformista.

muestras contrarias a él. Si se quiere que el niño respete a los demás, primero tiene que ser respetado él.

Quizás hace falta insistir una vez más en la importancia del comportamiento paterno. Está claro que todo lo que se dice del niño no puede tener efecto si los planteamientos de los padres no son coherentes con sus actos. Resulta difícil hacer que un niño respete las reglas si el padre las transgrede constantemente. Del mismo modo que un niño sabe o percibe a su padre como alguien «suficientemente fiable», sabe o percibe la incoherencia que hay entre sus palabras y su comportamiento. Además, tendrá más tendencia a imitar lo que hace que no lo que dice. Lo ideal pasa por sostener formulaciones ciertas que se refieran a hechos también reales.

☐ El respeto a la vida en común

«No, tú tienes derecho a vivir, pero los demás también», esta afirmación y sus variantes sería la tercera regla fundamental. Se construye a través de las normas familiares y sociales, el niño cuenta con un sitio dentro de la comunidad, pero no es ni más ni menos importante que el de cualquier otro.

La dificultad, en este caso, concierne más a las reglas de la familia que a las sociales, puesto que las primeras son predicadas tanto por esta como por la sociedad. Por otro lado, revelan una concertación amplia, ya que es el conjunto de la población, por medio de sus representantes, quien las promulga. Y por ello encuentran aplicación en cualquier terreno: el crimen, la violación o el robo, por ejemplo, son universalmente ilegales. Todo el mundo coincide en la necesidad de respetar a las personas y sus bienes.

Desde el punto de vista de la familia, estas reglas sociales son mantenidas por cualquier padre, excepto en raras excepciones. Desgraciadamente, en algunos casos, el ejemplo no sigue forzosamente a la palabra y, como se ha visto más arriba, el niño repite más lo que vive que lo que entiende. En algunas ocasiones, pasar al acto puede tener graves consecuencias, aunque sean simplemente en cuanto a motivación.

Las reglas familiares

La transmisión de las reglas familiares está relacionada con la transmisión de las normas sociales, pero en el primer caso concierne directamente a los padres y debe enseñarse desde muy temprana edad, no sólo a través de palabras, sino también de los actos.

El no que tiene que ver con el respeto a sí mismo, con la propia integridad y con la del otro normalmente se acepta con facilidad, incluso si no se ha transmitido correctamente y posee un carácter global. Sin embargo, el no relacionado con la vida familiar resulta muy variable de una familia a otra, y precisamente este tipo de prohibiciones son las que precisan mayor reflexión por parte de los padres, ya que pueden crear distorsiones importantes.

Imagine a unos padres muy laxos. No impondrán muchas prohibiciones, por lo que su hijo se enfrentará muy pocas veces a la frustración. Así, cuando llegue al colegio, tendrá ciertas dificultades para adaptarse a unas reglas que nunca (o casi nunca) ha conocido. En ese caso, pueden pasar dos cosas:

— que los padres se consideren laxos pero que respeten las reglas del colegio, pensando que servirán para preparar al niño a la hora de aceptar las demás normas sociales. Por parte del colegio, el discurso sería de este tipo: «En casa, las reglas son estas; en el colegio hay otras

89

diferentes que tienes que aceptar». Así, el niño podría adaptarse a este modo de vida social y la incidencia sobre la atención obediente generalmente sería menor, y la atención obediente en el seno de la familia se daría, sin duda, de forma más aleatoria;

— que los padres se consideren laxos pero que no permitan que el colegio ejerza su derecho a dictar sus propias normas. Entonces reaccionarían a la mínima reprimenda por parte del profesor, criticarían el centro y sus exigencias. El alumno, respaldado por sus padres ante la falta de respeto por las leyes y a penas limitado en casa, se construiría sobre ese modelo. No soportaría las limitaciones que implicarían las reglas sociales. Las consecuencias pueden ser desastrosas, en primer lugar, para los demás, y en segundo para él mismo.

Imagine ahora uno o unos padres demasiado obsesionados con el orden. Las prohibiciones paternas van a resultar entonces muy numerosas y tendrán que ver esencialmente con las exigencias relacionadas con la limpieza (en el momento del control de los esfínteres, en la mesa, etc.) y al orden. Si, desde que empieza a jugar, se prohíbe al bebé que sea demasiado ruidoso o que pueda «desordenarlo todo», y si tiene que estar siempre ordenando sus cosas, incluso antes de haber terminado, acabará por limitar sus juegos en detrimento de su inteligencia y de su capacidad imaginativa. Se adaptará a esta ley familiar tan restrictiva. El problema es que, en el colegio, algunas veces se le pedirá que tome la iniciativa, que se suelte, que no tenga miedo de intentar cosas nuevas, es decir, todas aquellas actividades que en casa le habrán «enseñado» a no hacer.

En realidad, el problema aparece cuando las leyes familiares y las sociales no concuerdan de manera global. Demasiadas exigencias familiares, o demasiadas pocas, van a chocar contra una sociedad construida sobre la base de unos individuos que no están oprimidos ni son opresores. Pasar de la ley familiar a la ley social se presenta entonces complicado.

Los padres deben pensar en el aprendizaje de su hijo desde esta perspectiva. El principio de placer inmediato que le guía en los primeros años va a verse cuestionado forzosamente por la necesidad de entenderse con los demás. La aplicación de las reglas que esto supone nunca se acepta con entusiasmo, porque suele ir acompañada de frustración. Pero resulta más sencilla si el niño integra poco a poco el hecho de que existen renuncias necesarias que hay que hacer, y que estas, una vez superadas, aportan placeres diferidos y variados, los que corresponden a tener su sitio en el seno de la familia y la sociedad.

¿Besos o castigos?

Se ha observado que puede existir una atención obediente sólo si el niño también conoce una escucha placentera. La atención obediente le obliga a pasar del principio de placer a un principio de realidad mucho más estricto. Está claro que si no se le proponen placeres inmediatos, se mantendrá, con respecto a la atención, en un estado de frustración casi permanente. Acabará por no escuchar nunca, puesto que nunca se le dirige la palabra si no es para algo desagradable. En ese caso, lo esperable es que la atención finalmente se consiga únicamente por medio de una gran violencia psíquica y/o física.

En cambio, el niño que evoluciona en un clima general donde se le ofrecen placeres inmediatos suficientes aceptará con más disposición las restricciones puntuales que supone la atención obediente. Esto no significa que saltará de alegría cada vez que se le pida algo. Siempre intentará alguna estrategia para evitarlas, por mínima que sea, pero a pesar de todo acabará aceptándolas, en un tiempo y en un ambiente completamente razonables. **El principio de atención placentera resulta fundamental. La pregunta «¿Cómo hacer que obedezca?» sólo puede plantearse después de aceptar esta máxima.**

A continuación, lo que hay que saber aceptar cuando se es padre es que el niño trasgredirá el reglamento de todas formas, o al menos lo intentará. Lo ha hecho siempre, lo sigue haciendo y lo continuará haciendo. Constituye una actitud totalmente normal, la misma que mantenemos siendo adultos: ¿respetamos todas las normas de circulación, por ejemplo? Sólo la repetición o la intensidad de una transgresión la convierten en preocupante, como el niño que continúa poniéndose en peligro continuamente, el que a menudo establece una relación basada en la fuerza con los demás, el que hace sólo «lo que le da la gana» y no respeta nada ni a nadie. El exceso en el comportamiento es lo que plantea problemas; ahora bien, los incidentes son inevitables.

□ Prioridad al diálogo

El diálogo y la explicación son las primeras respuestas a la manera correcta de actuar. Las razones son muy sencillas: la demanda de restricciones aparece justificada ante los ojos (¡y sobre todo ante los oídos!) del niño. No se le pide algo por el mero hecho de molestarse, sino porque puede ponerse en peligro, molestar o hacer daño a alguien. Ante todo, lo aceptará porque confía en sus padres, porque los actos y el discurso de estos están en consonancia. El no categórico, los «¡Ven aquí!», «¡Haz esto!», etc., sólo suponen una imposición. Las peticiones que se explican son una opción, siempre que vayan acompañadas de una justificación válida que permita que sean aceptadas a largo plazo.

A los más pequeños, ¿también hay que darles explicaciones? ¿Entienden lo que se les dice? Nuevamente, la respuesta es sí. Porque, a pesar de que no entiendan el significado estricto desde el plano intelectual, el bebé nota la intención, el tono de voz que atenúa la imposición paterna. **Por lo tanto, por un lado está lo que se dice, y por otro, cómo se dice. Su comprensión se añadirá más tarde al recuerdo para consolidar la aceptación.**

Cabe preguntarse si es necesario explicarlo todo sistemáticamente. Lo más recomendable es hacerlo lo más a menudo posible. Una vez dicho esto, a veces los «¡No!» extremos y frases como «¡Estoy harto de repetir cien veces lo mismo!» son totalmente comprensibles, y no tienen ninguna incidencia negativa cuando la actitud del padre tiene buenas intenciones.

Otra pregunta que cabe hacerse es hasta qué edad hay que repetir y explicar las cosas. La intención no es desanimar a los padres, pero la respuesta es... durante mucho tiempo. No tiene nada de sorprendente, por otra parte. Lo que es útil, necesario o imperativo, a priori no resulta agradable del todo, e incluso los adultos no lo aceptan con agrado. Pero el niño no cuenta con la misma experiencia que sus padres, y está condenado a aceptar las reglas que aparentemente no le aportarán ningún beneficio inmediato. Por eso, habrá que repetírselas hasta que las acepten de forma general y las interioricen.

□ Medir la relación física

Si hay que evitar la educación basada en la violencia, existe una fase en que el pequeño, a pesar de todo, debe calibrar la fuerza física del adulto.

De 1 a 4 años, el aprendizaje de las reglas se revela más delicado, por una sencilla razón: el pequeño hasta entonces es, ante todo, un individuo de acción. Su intelecto trabaja, cierto, pero al principio es su cuerpo el que expresa a través de él todas las experiencias sensoriales y motrices. Moverse, caminar, correr o saltar son sensaciones tan nuevas para él, tan agradables, que le gusta repetirlas. Representa la edad en que la pulsión llamada epistemofílica, la que empuja a todos los niños a querer explorar su entorno, probar nuevas sensaciones, hacer preguntas (¿por qué?, ¿cómo?, etc.), está en su apogeo máximo. Esta sana curiosidad natural, espontánea, constituye un verdadero logro para el desarrollo de su inteligencia y de su deseo de aprender, aunque puede llevar al explorador a situaciones arriesgadas e incluso peligrosas.

¿Y EL CACHETE?

Este es un argumento que a veces se escucha: «un cachete a tiempo» evita tener que plantearse muchas cosas. Es cierto que el cachete hace que se imponga el principio de realidad inmediatamente, el problema es que no debe convertirse en un modo educativo, por las razones que ya se han visto. Es cierto que puede suscitar la obediencia rápida de la víctima, pero a cambio esta instaurará, con mayor o menor medida, una relación fundada en las relaciones de fuerza. De hecho, provocará un reflejo pavloviano basado en no hacer algo sólo por el castigo físico que implica. No se trata de entender el sentido de la prohibición, sino sólo de evitar un sufrimiento físico.

El que ha sido educado en la violencia siempre se comportará así con los demás, en una relación de fuerzas. En un primer momento él será la víctima, pero luego hará que la sean los otros (incluidos su o sus padres agresores); y por último (periodo en que su fuerza física sea menor), volverá a serlo él. Sin haber tenido otro modelo paterno o relacional, este será del que aprenda. A menos que no se rebele sistemáticamente contra lo que ha sufrido, y pase de un exceso de violencia a un exceso de laxismo... con los consecuentes resultados.

Por otro lado, este modelo educativo violento favorece lo corporal en detrimento de lo intelectual. Es fácil pensar que las consecuencias sobre la percepción del otro y la del mundo están lejos de ser poco importantes. Las sociedades donde la educación violenta constituye la norma general, tienen cierta propensión a arreglar los conflictos con guerras.

Dicho esto, ¿qué padre no ha hecho alguna vez algún gesto demasiado efusivo con su hijo? Nadie puede librarse de esos momentos de rabia y de excesiva irritación; es el caso, por ejemplo, del episodio del niño que cruza la calle felizmente sin que sus padres se den cuenta, y que produce tanta angustia en esos momentos que a menudo se traduce en un cachete. Este tipo de reacciones son comprensibles porque se sitúan en unas coordenadas puntuales, que no forman parte de lo habitual. El niño sabe diferenciarlo perfectamente, y no cuestiona la confianza que tiene en sus padres por algunos deslices que puede llegar a entender.

A este deseo de moverse, de experimentar, de descubrir, se añade el de afirmarse como ser humano, y se entra

95

en las fases del «no», después del «yo», y por último, del «tú». Suelen ir acompañadas de confrontaciones físicas. Por eso, el niño al que se le prohíbe la experiencia peligrosa, la relación violenta con un compañero, la utilización abusiva de la televisión, etc., a veces expresa su descontento, por ejemplo, pegando a su padre. En este caso concreto, resulta útil cogerlo con firmeza por los brazos y alzar un poco la voz para decirle claramente que no se pega, y que si a él no le gusta que le peguen, él tampoco tiene que hacerlo. La simple firmeza física que se utiliza —sin llegar a hacerle daño— le hará comprender que su padre es más fuerte que él y que, en un eventual intercambio de fuerzas, saldría perdiendo.

Este firme contacto físico se hace necesario ya que, sin él, el pequeño o la pequeña puede pensar que sólo tiene que contar con ese poder y seguir utilizándolo. El peligroso sentimiento de omnipotencia que sentiría puede llevar a que se inviertan las relaciones de fuerza en el seno de la familia, y que sea él quien domine a los demás. Una vez llegó a la consulta el caso de unos padres que, con el pretexto de haber entendido mal lo que era el respeto hacia su hijo, se dejaban maltratar físicamente y/o psíquicamente. El niño continuaría creyéndose poderoso e imponiéndose físicamente hasta que se encontrase inevitablemente con alguien más fuerte que él. Por eso, justo en el momento (que dura algunos meses) en que toma conciencia de su cuerpo y de su fuerza, resulta indispensable que integre rápidamente la idea de que el otro también puede utilizar este medio. Se trata también de hacerle entender que el respeto tiene que ser bilateral.

Este punto, en términos educativos, está lejos de ser poco importante, ya que puede originar malentendidos y disfunciones inmediatas y tardías muy perjudiciales para todos. Una vez integrada la relación de fuerzas (hacia los

5 o 6 años), no se tendrá que volver a ella. El niño apartará esta manera de comunicarse tanto en casa como con sus compañeros.

¿Y SI SE DEJA INTIMIDAR POR SUS COMPAÑEROS?

El padre admite de buen grado la idea de la no violencia en las relaciones humanas, pero a veces se pregunta si también es siempre así para su hijo. En particular cuando su hijo ha sido agredido físicamente por un compañero de clase. ¿Se ha equivocado por no haberle enseñado también a responder físicamente?
En este caso, hay que distinguir dos situaciones:

— la agresión sufrida sólo ha sido puntual, fruto de un incidente, de una disputa como cualquier otra que pueda darse durante el recreo. El posible acercamiento pasa por escuchar el relato de los hechos por parte del niño, situarlos en su contexto y de recomendarle que si se vuelve a producir, hable con su profesor o director del colegio;[9]

— el niño es agredido con frecuencia. Este caso resulta más preocupante porque el síndrome de la víctima recurrente generalmente revela una fragilidad propia de la persona que la padece. Se sufre tanto, que lo más normal es que no se atreva a quejarse o a denunciar a sus agresores. Este síndrome exige una atención particular por parte de padres y profesores.

Un niño seguro de sí mismo, en general nunca se convertirá en víctima recurrente porque descubrirá (o hará que se descubra) enseguida al agresor potencial.

---

9. Si el incidente resulta ser un accidente, hay que actuar de otra manera, y lo mejor pasa por reunirse con alguien del colegio.

□ Estimular

Está claro que como los modelos educativos anteriores han sido más represivos que estimuladores, en la actualidad las maneras de funcionar de muchos padres se mantienen todavía en el mismo orden, esto es, en el de vigilar, discutir y/o castigar.

¿Se piensa en subrayar los esfuerzos? No mucho, y sin embargo, el niño necesita que le animen también en el momento en que se produce la atención obediente. Por muy evidente que parezca, en numerosas ocasiones no lo es tanto.

En primer lugar, porque la sociedad adulta sigue privilegiando la punición y el castigo en detrimento de las felicitaciones. El respeto de la ley se valora muy poco. Se impone, ante todo, el desánimo y la sanción de cara a remarcar las infracciones que se producen, lo que supone una incitación a señalar más las faltas que los esfuerzos que se hacen. Como si la atención obediente, el acatamiento, fuera «normal», mientras que en el fondo resulta bastante antinatural y exige por parte de todos un esfuerzo considerable. Esta se va adquiriendo de forma progresiva, día a día.

Por eso, es importante remarcar también, siempre que se tenga ocasión, los esfuerzos, como: «¡Muy bien, has tardado menos tiempo que ayer en prepararte!», o: «¡Qué bien, no he tenido que repetirte diez veces que vinieras a comer!», o incluso algo así: «¡Pero si has ordenado perfectamente tus juguetes!»

La atención obediente no debe convertirse en un condicionamiento, una sumisión absoluta o una hiperdependencia. No lo será para los hijos si como padre se es capaz de inculcarles las reglas básicas, esto es, el respeto a sí mismo, respeto a los demás, y respeto a la vida en común, sin imponérselo, sino simplemente explicándoselo, mostrándoselo a través del propio ejemplo.

De esta manera podrán entenderlo e interiorizarlo y para el niño acabarán siendo elementos de integración y equilibrio.

8

Adolescencia:
cuando la atención se ve afectada

No hay ningún padre que no se sorprenda cuando sus hijos llegan a la adolescencia. ¿Por qué? El pequeño o pequeña que parecía conocerse tan bien está cambiando, ya no es el o la misma a todos los niveles, físico y psíquico. Por un lado están las transformaciones anatómicas, que por lo general se llevan bien. Lo que más afecta son las nuevas relaciones que se establecen en la familia. A menudo el ambiente se hace algo más conflictivo que antes; a veces incluso explosivo. En ocasiones, hasta demasiado.[10] De nuevo surgen problemas de atención y de entendimiento, en el sentido más amplio de la expresión. Resulta aún más sorprendente porque normalmente los tres, cuatro o cinco años anteriores suelen ser más tranquilos.

En efecto, entre los 6 y 7 años y hasta los 10 o 12, el niño conoce, por lo general, una plácida fase de desarrollo.[11] No es casualidad que el sentido popular sitúe la entrada de la edad de la razón a los 7 años, aproximadamente cuando se empieza la primaria, momento que corresponde (año arriba, año abajo) a un periodo en que el intelecto alcanza a la

---

10. A pesar de todo, en el 90 % de los casos, la adolescencia transcurre sin problemas... con los altos y bajos que se comentan en este apartado.
11. Es la que el psicoanalista llama fase de latencia.

vez madurez fisiológica o psicológica. El niño se deja llevar menos por las sensaciones, es menos «visceral», menos físico, y tiende más a razonar y analizar. También es menos egocéntrico, es capaz de ponerse en el lugar del otro. Su capacidad empática, de la que se ha hablado al principio de la obra, mejora considerablemente. Intelectualmente es capaz de retroceder, analizar y sintetizar.

En el plano educativo, el trabajo esencial de los padres ya está hecho; no todo, pero sí la mayor parte de lo que conformará su personalidad inconsciente.

Física y psíquicamente, esta fase de latencia forma un periodo más tranquilo. Esa «tranquilidad» permite al niño, por otro lado, involucrarse mejor en las actividades escolares, extraescolares y relacionales.

... después llega la adolescencia

La adolescencia llega para romper esa relativa quietud. Ahora toca plantearse cómo se explica esta etapa de la vida de un niño y, sobre todo, cómo afrontarla.

La entrada en la adolescencia está inducida por una pulsión, la sexual. Junto a la pulsión oral, la anal y la epistemológica, es una de las cuatro pulsiones capitales. Corresponde, al igual que las otras tres, a una necesidad fisiológica fundamental, indispensable para la supervivencia de la especie. Como su propio nombre indica, va a empujar al adolescente a buscar en el exterior a un compañero sexual. Va acompañada de algunas transformaciones físicas que serán elementos estimulantes para la o las parejas eventuales.

Así, el adolescente se ve afectado por detonadores fisiológicos que no domina en absoluto. Por fortuna, estas modificaciones se hacen progresivamente, aunque esta puesta a punto gradual en ocasiones constituye la causa de muchos malentendidos. Un cambio brusco se entendería, se «objetivaría» más que uno lento, que puede llegar a afectar a quien lo padece.

□ Un cambio de referentes

En un movimiento psíquico paralelo, el adolescente empieza buscando referentes ajenos a los que le han inculcado hasta el momento.

¿De qué se trata exactamente? En una obra anterior[12] defino cuatro tipos de referentes fundamentales y necesarios para el desarrollo afectivo del niño:

— los referentes de seguridad: la madre es el primer referente humano que aporta seguridad al niño, seguida del padre. Su presencia le tranquiliza, le acompaña hasta el momento en que está preparado para afrontar la vida solo. A su vez, cuenta con varios referentes de este tipo de carácter material, como por ejemplo, el chupete. Y de estos, las palabras, y especialmente las que son verdad, constituyen el referente de seguridad abstracto por excelencia;

— los referentes de identidad: permiten que el pequeño se «individualice», que se haga autónomo a nivel psíquico;

— los referentes de pertenencia: todas las personas tienen la necesidad de pertenecer a un grupo (social, político, religioso, etc.), puesto que este aporta seguridad y estructura. El primero de ellos lo constituye la familia. El sentimiento de pertenencia es el opuesto al de dependencia;

— los referentes hedónicos: el placer es esencial para el desarrollo. Primero pasa por los juegos sensoriales y

12. *Quels repères donner à nos enfants dans un monde déboussolé?*, op. cit.

motores de los más pequeños. Más adelante podrá seguir operando sensorialmente pero también abstracto (la cultura, las relaciones, etc.). El placer es un elemento determinante, ya que permite aceptar y superar las frustraciones relacionadas con las imposiciones de la vida social.

El adolescente cuestiona los referentes que su familia le ha transmitido y sobrevalora los que encuentra en el exterior.

El padre, por ejemplo, es para el niño un referente de seguridad de primera instancia; sólo su presencia, sus palabras, su mirada o su templanza serenan al niño. Al mismo tiempo constituye un referente de identidad para el niño que va a construir su propia conciencia a través del modelo materno y/o paterno. En especial durante la fase de latencia, el patrón identitario del chico será el padre (o las figuras masculinas cercanas a él), mientras que el de la chica será la madre (o las figuras femeninas cercanas). Para el niño de esa edad, no existe en el mundo un adulto más maravilloso, el que ha conocido siempre y quien le ha protegido mejor. Así, el modelo familiar se presenta como el modelo perfecto.

Cuando empieza a abrirse al exterior debido a la pulsión sexual, el adolescente busca y descubre otros modelos diferentes. Lo hace, además, al ritmo al que se vaya afinando su capacidad de análisis. Desde entonces, ve y vive las cosas de forma diferente. Los modelos de identidad ya no son mamá o papá, sino otros adultos que desempeñan el mismo papel. Puede tratarse de un actor de cine, un cantante, un profesor, un tío, una tía... pero ya no serán los padres.

No obstante, ninguno de los referentes del adolescente se encuentra sólidamente asentado, lo que lo coloca en una situación incómoda y «ambigua» que le provoca inseguridad y angustia. Esta puede ser insustancial, pero en ocasiones también puede resultar importante. La diferencia proviene esencialmente de la manera en que han sido negociados los estados anteriores, si por lo general se han pasado sin conflictos, entonces el adolescente tendrá una «ansiedad normal».

□ Cuestionamientos

La revuelta del adolescente, por mucho que sea puntual, parece cuestionarlo todo y, en consecuencia, el padre se preocupa y pregunta si toda la educación que le ha dado hasta ahora no sirve de nada.

Tranquilidad. En esos momentos, y mientras dure la «crisis», parece que haya olvidado todo lo que se le ha transmitido. La pulsión del niño se impone a sus pasiones, y a veces hasta a su intelecto. Pero cuando esta pulsión haya operado en lo más esencial, cuando se aplaque (sin desaparecer), cuando haya integrado sus referentes exteriores, todo lo que ha aprendido volverá a aparecer.

En algunos casos, el viraje resulta espectacular. No es raro, por ejemplo, ver a adolescentes muy rebeldes instalarse más tarde en una comodidad burguesa que habían criticado a sus propios padres. Aunque, ¿quién no ha heredado gustos que después ha rechazado durante la juventud?

El adolescente conservará, sin duda, parte de lo que se le haya transmitido. Habrá un poco de los padres y un poco de otras personas... pero, al fin y al cabo, será él mismo.

□ Una comunicación difícil

Lo que ocurre es muy sencillo: por un lado, está el adolescente que presta mucha atención a modelos diferentes a los que ha tenido hasta el momento, y por el otro, el padre que no ha cambiado ni entiende lo que está pasando. El primero se siente angustiado, y el segundo no reconoce

105

al pequeño o pequeña que hasta entonces creía conocer bien, por lo que también se siente perdido y se preocupa.

Como explican los primeros capítulos de este libro, cuando existe angustia, la atención se hace difícil. Esta activa modos de defensa que no permiten entablar una relación serena con el otro. Este contexto justifica la mayormente de situaciones en que hay problemas de atención en el adolescente. Cuanto más preocupaciones le invadan y mayores sean, estas podrán generar crisis que a veces pueden resultar espectaculares, y siempre dolorosas.

De este modo se explica la mayoría de problemas de comunicación entre padres e hijos, propios de esta fase del desarrollo.

¿Ineludible?

Dicha crisis no sólo es ineludible, sino necesaria.

Resulta inevitable porque está inducida por una pulsión. Es inherente al desarrollo psicofisiológico de las personas.

Resulta necesaria a nivel filogenético de la evolución humana, puesto que sin crisis en la adolescencia, no se produciría la separación con el medio familiar original y no habría una obertura hacia el mundo exterior. El conflicto es lo que hace posible la liberación; sin él, esta no se produciría o sería muy difícil que lo hiciera. Criar a un niño exige, al principio, atarse a él, pero luego hay que deshacerse de los vínculos de dependencia para dejar que poco a poco este adquiera la capacidad de asumirse por sí mismo, física y psíquicamente. No se trata de un rechazo, sino de aceptar que un hijo pueda convertirse en adulto por completo. Es un proceso mental de desarrollo sano y deseable.

Aunque los ejemplos que van contra corriente no son inexistentes, como los casos del padre fusional, que promueve una relación tan estrecha que su hijo no puede soltarse de él. Cabe preguntarse hasta qué punto se trata de una elección consciente o no por parte del progenitor. En cierto modo, constituye un proceso involuntario, la expresión inconsciente de una historia personal muy angustiosa, y este tipo de padres intenta reparar, torpemente, una herida que nunca se ha cerrado. Siempre suele ser él el que no permite que su hijo se asuma a sí mismo. Las consecuencias son fáciles de imaginar. En el colegio, esto se traduce en una dificultad a la hora de ser autónomo. Son los niños que parece que «siempre necesiten que alguien esté con ellos».[13] Más tarde, si no reciben ninguna ayuda, serán siempre dependientes de su entorno.

¿Explosivo?

Por el contrario, lo que sí que puede controlarse es la magnitud de la crisis. Será menos violenta si los estadios anteriores han sido globalmente buenos.

La adolescencia de aquel que haya sido poco respetado, considerado o se haya sentido poco seguro, más riesgo tendrá en la adolescencia de padecer crisis graves. El cúmulo de las fragilidades infantiles y de sus dificultades adolescentes creará casi de golpe angustias más o menos masivas que se manifestarán en modos de defensa diferentes: agresividad, violencia (contra los otros o contra sí mismo), inhibición, escape (o huida), comportamientos

---

13. También puede ser el caso de niños muy espantadizos que se tranquilizan con la presencia de otra persona.

alimentarios excesivos (bulimia, anorexia), conductas adictivas (alcohol, drogas), conductas de riesgo...

En cambio, un niño con pocas angustias, considerado activamente en su familia, con quien se ha mantenido un diálogo satisfactorio, será menos reactivo a la angustia suscitada por el periodo adolescente. Y si el hijo no sufre tanto, el padre tampoco, y este, como se ha visto varias veces, favorecerá el intercambio, la atención. Existirán, sin duda alguna, momentos difíciles, pero la tensión y el conflicto nunca serán continuos. La razón es bastante sencilla: la atención y el diálogo permiten la actualización y resolución de las tensiones y, a su vez, reparar los primeros síntomas y desactivarlos antes de que tomen proporciones menos controlables. La acumulación de preocupaciones, de inquietudes, de tensiones no exteriorizadas, de faltas de atención, resulta, por el contrario, el germen de explosiones espectaculares.

Constituye un punto importante que hay que precisar, puesto que los medios a veces se hacen eco de algunos hechos extremadamente dramáticos con respecto a adolescentes, que normalmente suelen ir acompañados del testimonio de un vecino o algunos compañeros que describen al autor de los hechos como alguien «tranquilo, sin ningún problema, etc.». En ocasiones, es el propio padre el que hace este tipo de descripciones. El telespectador, el auditorio o el lector que se enfrenta a este tipo de «informaciones» puede alarmarse planteándose que eso le podría ocurrir a sus hijos en algún momento. Pero la respuesta es no. Nunca se producen síntomas de emergencia tan espectaculares si antes no ha habido algún indicio discreto pero visible. Lo que pasa es que, en estos casos, no han sido detectados o se han pasado por alto. Una vez llegaron a la consulta unos niños «aparentemente» tranquilos, de los que hubiera afirmado entonces que en el momento de la adolescencia tendrían comportamientos de alto riesgo, para ellos o para los demás. En lo más profundo de los niños pueden haber verdaderas «bombas de efecto retardado», pero, ante esto, cabe hacer dos observaciones: una, que la bomba no se fabrica sola... y que sólo explota en determinadas condiciones.

En cambio, la agitación de un niño no es algo que haga pensar que en la adolescencia vaya a amplificarse o a convertirse en destructiva, sino que todo depende del grado de agitación y de las causas de ese síntoma.

Restablecer la atención

En el marco de una adolescencia que presenta riesgos, se hace necesario un seguimiento terapéutico, aunque en realidad lo lleve a la práctica un porcentaje muy bajo de la población dentro de esta franja de edad. Incluso en un adolescente menos preocupante, la crisis ordinaria que padecerá puede afectar, de todas formas, en la atención. El chico o la chica tenderán más a escuchar a sus amigos, a tal cantante de moda o a un profesor algo carismático.

Sin embargo, la atención del adolescente mejorará globalmente (en los dos sentidos), si la angustia del padre se ve reducida. Todas las familias, incluso las que parecen más pacíficas, han conocido, conocen o conocerán las mismas preguntas, inquietudes y tensiones. Se trata de una preocupación compartida, es normal para todo el mundo. Saberlo no hace que el problema desaparezca, pero permite encararlo con más tranquilidad.

Es inútil preocuparse ante la primera reacción fuera de tono. Una vez más, lo que importa es la intensidad, la repetición, la instalación en el tiempo de uno o varios síntomas graves que deben alertar. Un grito, una pataleta, una manía, un portazo o una palabra más alta que otra no representan síntomas importantes si no se repiten con mucha frecuencia y se instalan en el tiempo. Si se producen de vez en cuando en un ambiente más bien neutro y tranquilo sólo vienen a indicar una cosa: la más estricta normalidad.

El padre que no consigue dominar su angustia no debe sentirse culpable. Si no es capaz de afrontar la situación de una forma más tranquila, seguramente será porque la adolescencia de su hijo hace que se reactive dolorosamente en él una historia antigua o, como mínimo, perturbadora. De él depende de ver si necesita acudir a alguien que pueda ayudarle.

☐ Protegerlo de conductas de riesgo

¿Todavía puede hablarse de atención obediente en el momento de la adolescencia? A priori, no, ya que las prohibiciones fundamentales que se le han inculcado al niño desde la primera infancia ya han sido integradas, como la prohibición de ponerse en peligro (con relación a su integridad física y psíquica); prohibición de poner al otro en peligro; o la prohibición de comportarse como un tirano doméstico. Ha aprendido estas reglas y las ha hecho suyas de forma global, puesto que a partir de ese momento conoce por experiencia las ventajas y los inconvenientes.

Así, el adolescente sabe perfectamente qué situaciones pueden resultar peligrosas; por lo tanto, ¿cómo se explica la atracción que sienten algunos hacia el riesgo?

Lo que hay que entender es que las transformaciones psicofisiológicas del adolescente inducen a la necesidad de otra sensorialidad. Todo sucede como si, de algún modo, necesitase desplegar sus sentidos, su cuerpo, como cuando era pequeño. Puede decirse que vuelve a experimentarlo en el momento en que está cambiando. Forma parte del periodo (después de la primera infancia) en que el cuerpo se mueve por medio de la práctica de danza o de algún deporte; pero la música, en este caso, tiene que escucharse más fuerte, siempre en contra de los padres y vecinos. Experimenta el deseo de tener sensaciones fuertes, asociadas a un sentimiento de poderío psíquico que nunca ha experimentado hasta el momento; la rapidez forma parte de él, sobre todo en los chicos.[14]

De todas formas, hay que separar, de entrada, esa necesidad de sensaciones inherente a cualquier adolescente y las conductas de riesgo. Estas últimas suelen tener una correspondencia originaria antes de la adolescencia. Es a lo que hacía referencia el párrafo anterior, en el que se señalaba que el adolescente a menudo se encuentra animado, pero su comportamiento resulta realmente peligroso sólo si las fases anteriores de su desarrollo han sido conflictivas. Esto no significa que el adolescente tradicional no tenga ganas alguna vez de pisar el acelerador, de probar el fruto prohibido que representan las drogas, pero no lo hará de forma habitual, al menos si encuentra otras existencias agradables en su existencia. En cambio, si posee pocas satisfacciones escolares, deportivas, culturales, festivas o relacionales puede engancharse a un medio fácil de encontrar placer.

Se entiende, entonces, por qué la atención obediente debe estar presente a esta edad tanto como la atención placentera, porque hay que proporcionarle al adolescente algunos placeres inmediatos si se quiere hacer que renuncie a lo que puede resultar peligroso, para él o para los demás.

Constituye un principio que debe guiar a los padres preocupados por establecer o restablecer la atención con

---

14. Los accidentes de tráfico suponen la primera causa de muerte juvenil en España.

su hijo, de recuperar un diálogo satisfactorio. También se debe recordar que no se conseguirá de un día para otro, y que necesitará ser paciente de nuevo.

☐ Respetar su territorio

Ya puede ser el padre más maravilloso del mundo, u ocupar una posición social envidiable, que seguramente no tendrá ningún efecto sobre su hijo adolescente. ¿Por qué? Pues porque, como se ha dicho, a partir de ese momento, va a buscar sus modelos identitarios en el exterior del círculo familiar, a pesar de que para otro adolescente que conozca usted sea el adulto que sueña ser algún día... exactamente por los mismos motivos que llevan a su hijo a cuestionarlo.

¿Hay que desistir? No del todo, puesto que la actitud del adolescente está cargada de ambivalencia. Lo que dice no tiene por qué ser exactamente lo que piensa. Reprochan a los padres ser lo que son, pero eso mismo a la vez les tranquiliza. Él (ella) conoce perfectamente sus mecanismos de funcionamiento, sus costumbres, y no tiene ganas de eso, pero al mismo tiempo siente la necesidad y la seguridad que le aporta su padre, por lo que este representa y por el lugar que ocupa en su vida.

Su habitación, en este punto, es un factor simbólico. Es el sitio donde está a la vez fuera (por los objetos exteriores que él «apila», a menudo en un orden dudoso) y dentro (porque forma parte del piso o de la casa). **Es un lugar de transición donde se siente a gusto porque puede hacer que cohabiten sus referentes exteriores e interiores.** El que entre en la adolescencia no tolerará muy bien vivir en un estudio, lejos de la familia. Psíquicamente, puede considerarse que su habitación es un verdadero pasillo que le permitirá abandonar la casa paterna suavemente.

112

Así, se trata de un lugar que tiene que considerarse en los parámetros de que se siente en su casa estando en la de sus padres.

Se va apropiando progresivamente de su habitación, y si la comparte con un hermano o una hermana, poco a poco se irá haciendo un «rincón propio», que significa lo mismo.

El respeto por su habitación, de su espacio, a menudo puede ser fuente de conflictos por la razón de que para el padre resulta difícil entender que ese espacio no es completamente suyo. Y si hay desorden, es su propio desorden, independientemente de que este lo vea como algo soportable o no. Podrá negociarse un momento en que el padre pueda plantear una invasión liberadora con la aspiradora, el trapo y demás utensilios de limpieza.

La puerta no la cierra tanto contra los padres, sino por él mismo, para protegerse, para preservar su intimidad material y psíquica.

Si una persona «extraña» intenta abrirla, lo considera una intrusión e incluso podría entenderlo como una agresión. ¿Qué adolescente no coloca en su puerta carteles de «prohibido entrar» y demás «prohibiciones» para cerrar el paso a su habitación?.

Su habitación pasa a ser, así, un verdadero refugio, al mismo tiempo que constituye un referente de seguridad. En ella pueden encontrarse elementos materiales que contribuyen a incrementar su confianza, como objetos del pasado (su muñeco de cuando era pequeño o algunos juguetes), del presente (su equipación deportiva, su ropa), o del «futuro deseado» (pósters de sus «modelos», libros, etc.).

Se trata de un lugar capital para él, y hay que saberlo y haberlo entendido antes de intentar entablar cualquier diálogo.

113

☐ Vuelta al «principio de Mahoma»

El esquema que se ha visto en apartados anteriores, propio de la primera infancia —hay que «repetir cien veces lo mismo» para que haga algo, hay que alzar la voz, amenazar, etc.— vuelve a aparecer con el adolescente. De nuevo vuelven los problemas de atención, su hijo escucha poco, muy poco... o nada. Por el contrario, se muestra muy atento a las propuestas de otros a quien ha elegido como confidentes, o como modelos, lo que no deja de suscitar ciertas molestias añadidas a los padres.

En realidad, elige a otros que no son especialmente brillantes, de los que no se aprueba siempre su modo de vida, y que han sido elegidos precisamente porque son diferentes. A veces, incluso radicalmente opuestos.

Forman parte de esos referentes humanos o abstractos exteriores a la familia que el adolescente busca, de manera totalmente inconsciente, por mucho que al principio esté motivado por un hecho fisiológico muy concreto, como lo es la pulsión sexual.

Ante esto, ¿qué puede hacer el padre que ve que sus ideas, sus gustos en la vestimenta, estéticos, culturales, han sido despreciados sistemáticamente? ¿Defenderse? Eso supondría olvidar demasiado rápido que es su inconsciente el que le empuja hacia el otro, y que además siente la necesidad de sobrevalorarlo para poder romper con ese bienestar afectivo que era el de su familia hasta entonces.

Desde ese momento, todo lo que el otro diga o haga será forzosamente «mejor» que lo que diga o haga su padre. Y por supuesto, argumentar razonadamente no sirve de nada. **Cuando compiten sentimientos y razón, siempre se imponen los primeros sobre el intelecto. Por un motivo muy simple: el afecto busca siempre tranquilidad,**

114

seguridad, protección, porque se pone en juego la supervivencia física y psíquica. Con estos argumentos, intentar razonar tendría el mismo efecto que hacerlo en un momento de crisis de cólera.

Para acercarse a un adolescente, una vez más hay que pasar por el «principio de Mahoma» que se ha mencionado más arriba: ya que resulta imposible que el adolescente admita las ideas y modelos de los padres, hay que intentar interesarse en los suyos, lo que permitirá renovar el diálogo.

Pero cuidado, interesarse no significa hacer suyos los referentes que valora el adolescente. Por una parte, no se lo creería, y por otra, no le estaría haciendo ningún favor.[15] «Interesarse» significa informarse sobre, escuchar lo que dice. Por qué no, por ejemplo, mirar juntos una película que le guste. También puede saber algo más de algún cantante, grupo o actor que él admira especialmente. No se descarta, incluso, que llegue a gustarle algún tipo de música que había rechazado al principio, o que acepte algunos conceptos de manera diferente. Tampoco que pueda decirle al adolescente que no está de acuerdo con él sobre algún aspecto en concreto, argumentando su postura. Un punto importante, sin embargo, lo constituye formular las ideas respetando siempre al otro. Tendrá que ir con cuidado para no formular proposiciones de desprecio, descalificativo o, con más razón, degradantes o injuriosas. Siempre puede expresarse su desacuerdo sin menospreciar al otro. Infravalorar o rechazar a alguien llevará inevitablemente la relación al fracaso.

Interesarse no significa convertirse en el compañero de su hijo adolescente. El papel de padre debe

---

15. Sin tener en cuenta que esta adhesión sería sintomática de una gran fragilidad del padre.

mantenerse intacto. Además, no le necesita como compañero; si se da el caso debe preocuparse, porque significaría que se dan ciertas dificultades en la relación. El padre debe mantener sus función primordial, la de protegerlo, darle confianza o acompañarlo ante cualquier circunstancia de su vida. La figura paterna constituye un pilar seguro, algo que no siempre lo es un amigo. No es raro, por otro lado, ver en el adolescente actitudes regresivas de vez en cuando, como solicitar algo de cariño. Con ese contacto físico gana en confianza, de alguna manera. Y sólo el padre, identificado claramente como tal, es capaz de dar esta respuesta.

Los momentos críticos

El adolescente está angustiado. Su padre también, está asustado, fuera de sí debido al comportamiento de su hijo o hija.

El chico no hace otra cosa que trasladarse apáticamente de la cama a la televisión o a su ordenador. Nunca come, descuida su aspecto —a veces en contradicción al cuidado que pone en elegir su ropa—. Sus resultados escolares han bajado, en el colegio o el instituto se habla de desconexión, de falta de motivación. Sus salidas son cada vez más frecuentes y largas...

La tensión va subiendo y el conflicto acaba por explotar. Cada uno argumenta sus ideas... y el otro no escucha: las angustias interactivas interferentes[16] están en juego y afectan a la comunicación.

Sin embargo, estas explosiones suelen ser raras. Para la mayoría de adolescentes, los efectos de la crisis de la

16. Véase página 75

116

adolescencia sólo se producen de forma puntual, puede que en dos episodios más marcados. El enfado del padre puede sobrepasar ciertos límites en algunos momentos, pero no tiene consecuencias mayores si no se trata de algo que pase continuamente y respeta a su hijo: el adolescente sabe ver la diferencia entre una palabra hiriente que le dice en un momento conflictivo y una actitud recurrente, un sentimiento permanente. Que haya entre padre e hijo una atención y entendimiento complicados sólo son síntomas de angustias recíprocas. El adolescente está viviendo transformaciones difíciles para él, así que el padre debería hacer un esfuerzo para que las tensiones se calmaran:

— recuerde que el periodo que está pasando su hijo es algo totalmente normal. La crisis de la adolescencia no pasa a ser algo espectacular y/o con riesgos, por lo general, si no se sustenta sobre un pasado caótico o se produce con algunos acontecimientos paralelos que pueden acentuar sus efectos. Preocúpese si semana tras semana, o mes tras mes, los conflictos inundan el día a día y nunca se resuelven. Esté tranquilo si la mayoría del tiempo está cambiando, con momentos de tranquilidad y alegría;

— pregúntese sobre su propia adolescencia, ya que lo que usted ha vivido y la manera de hacerlo son elementos que también pueden interferir o no en la relación con su hijo. Si esta etapa ha sido dolorosa para usted, quizá resulta útil ir más lejos de la mera interrogación: para un padre angustiado es muy (demasiado) difícil hacer frente a estas nuevas reglas del juego familiar, y más si la angustia va acompañada de un sentimiento de culpabilidad;

— continúe proporcionando a su hijo adolescente una atención con buena predisposición, interésese por sus amigos, su trabajo escolar, sus actividades deportivas, etc.; todo esto hará que él se sienta más seguro;

117

— procure respetarlo. Puede ocurrir que no esté de acuerdo (y a veces debe hacerlo) con alguna salida, alguna actitud suya o algún proyecto, pero debe tener cuidado en no herir a su hijo o hija en ese periodo de fragilidad. No olvide que, entre otras cosas, las transformaciones físicas que padecen constituyen una fuente de angustia permanente para ellos: sus largos paseos delante del espejo (o al revés, su evitación) son los síntomas más evidentes. Está en un momento sensible, y es mejor no bromear sobre algún aspecto de su cuerpo en evolución.

Lo que también hay que recordar es que, a lo largo de la adolescencia y aún más en la edad adulta, se aceptan valores que habrán sido transmitidos desde niño, por mucho que, meses antes, este los rechace rotundamente. El «trabajo» de los padres nunca se hace en balde.

9

Cuando no atiende en clase

En las notas del colegio, suele aparecer un apartado donde se subraya: «No atiende», o por ejemplo: «Atiende a otras cosas», o también: «No está atento». Eso cuando no aparece «Alumno fantasioso...» o, peor aún: « ¡Está en la luna!».

¿Hay relación entre escucha, atención y concentración?

¿La atención tiene una incidencia directa sobre esta competencia, esencial en el colegio?

Para empezar, habría que preguntarse cuál es la exigencia principal en el colegio con respecto a la atención. Y esta pasa por una escucha «atenta». El colegio espera del niño que esté atento para que pueda memorizar, capitalizar todos los mensajes transmitidos. Exige una disponibilidad importante y durante mucho tiempo. Cuando un profesor se queja de un alumno porque no atiende, detrás de ese síntoma siempre hay un problema real de fondo: la dificultad de «retener», de memorizar la información. Una atención deficiente en clase constituye el origen de adquisiciones vagas, inciertas, siempre puestas en cuestión, sobre las que hay que volcarse constantemente.

Atención y aprendizaje

El éxito de un aprendizaje, escolar o no, demanda tres condiciones: estar motivado (tener la necesidad o el deseo de), estar disponible psíquicamente y, por último, poseer capacidades intelectuales mínimas («medidas» por el coeficiente intelectual). Si uno de estos tres elementos falla, la eficacia de la consecución de los objetivos será menor o nula.

La motivación, el deseo por aprender, están muy relacionados con la pulsión epistemológica y el acompañamiento de los padres. Si esa se encuentra estimulada, apoyada, la curiosidad natural del niño se verá reflejada en el colegio. Si la pulsión se ve reprimida (por prohibiciones masivas, por ejemplo, por la ausencia de respuestas a múltiples preguntas, etc.), la curiosidad del niño se apagará, también en las aulas. Es útil precisar que, en algunos momentos, esta curiosidad puede disminuir por motivos diversos: cansancio, preocupaciones familiares o propias, angustias endógenas...

El segundo elemento necesario para que se dé el aprendizaje, las potencialidades intelectuales, está muy relacionado con el primero. En efecto, por el camino de la pulsión epistemológica, el bebé, el pequeño y más adelante el niño desarrolla y enriquece los esquemas neuronales que constituirán la base fisiológica de su inteligencia.

La tercera condición, la disponibilidad psíquica, nos lleva a la preocupación por la atención. Para aprender, es importante tener una energía psíquica globalmente libre. Si a la hora de leer estas líneas, por ejemplo, usted está inquieto(a) o preocupado(a), se dará cuenta de que le cuesta «retener» lo que dicen.

Es precisamente lo que le pasa al niño que no atiende en clase. Así, cuando un profesor dice que el niño «está en otra parte», no deja de ser del todo cierto. Está «en otra parte», su energía psíquica se moviliza por algo ajeno a la clase. Quizá se trata de algo consciente (el regalo que le van a dar, el que le han dado, una pelea familiar reciente, una enfermedad...), pero lo más normal es que sea inconsciente. En ese caso, lo que absorbe su atención no son hechos recientes, sino algo del pasado. El niño sería incapaz de precisar de qué se trata, porque no pueden formularse de forma verbal. Se manifiestan de otra manera, por la vía del inconsciente: actos que no se hacen, lapsus, comportamiento, sueños, enfados, somatizaciones, etc.

Menos deseo... menos atención

En el colegio, igual que en casa, la motivación y el interés puestos en querer saber cosas tienen mayor incidencia en la calidad de la atención. He aquí algunos ejemplos:

Cuando se interpela al niño en casa —está en su habitación muy ocupado— para plantearle la posibilidad de ir al zoo, al parque de atracciones o al cine, es raro que no reaccione rápidamente pidiendo más precisiones sobre el proyecto planteado: ¿dónde?, ¿cuándo?, ¿cómo?, ¿con quién?, etc. La respuesta a la solicitación es inmediata. La atención, entonces, es máxima. Por una razón muy sencilla, ante un placer inmediato (estoy jugando), se le propone sustituirlo por otro placer. ¿Los adultos somos muy diferentes a los niños? No mucho: si estamos ocupados en una tarea agradable, la dejamos inmediatamente si, por una agradable coincidencia, se presenta otra tarea aún más agradable. Esto se produce porque la atención aporta placer, inmediato o diferido, por lo que se atiende a lo que se dice, a lo que se propone. En el colegio pasa igual: si el resultado de que atienda resulta interesante, el niño atenderá en clase.

Cuando está en el colegio, el interés que pone a lo que se está proponiendo afecta a la calidad de su atención. El pequeño o pequeña que tenga la pulsión epistemológica,

121

la curiosidad natural, estimulada con normalidad, muestra un interés más o menos igual para todo lo que le propongan en clase. La frase «todo le interesa» describiría bien este tipo de casos. Si se observa con más detalle, puede observarse que de hecho no «todo» le interesa del mismo modo, pero que, grosso modo, el interés de ese niño está despierto de manera global.

Sin embargo, a menudo se encuentran niños con intereses «selectivos», casos ejemplificados en el tipo de discursos «es más de mates que de lengua», o al revés. Estos intereses pueden evolucionar a lo largo de la escolaridad. ¿Cómo se explica esto? Vuelve a ser el placer del éxito fácil el que se encuentra en la base de este interés específico: tengo facilidad para sacarme esta asignatura, los resultados son buenos, se le felicita, anima, premia, y por lo tanto, se tienen ganas de volver a empezar. Es el principio del «círculo virtuoso», opuesto al «círculo vicioso» que se instala frente a «lo que no gusta». Si algo no gusta, se hace a disgusto, no se pone toda la energía en ello, y el resultado no resulta satisfactorio, ni para la propia persona ni para los demás, lo que produce que no se tengan ganas de volver a hacerlo.

El niño que normalmente es curioso, ¿puede «desconectar» a veces? Sí, por supuesto. Especialmente cuando está cansado. Los finales de trimestre suelen ser difíciles, incluido para el que o la que normalmente mantiene una buena atención en clase. Hay que recordar que ese cansancio puede estar relacionado con la higiene de vida, con un trabajo intenso, pero también con problemas del crecimiento. El origen de cierta astenia también puede ser una patología y su desarrollo.

Esta «desconexión» puede estar provocada igualmente por factores del entorno propios de la vida del niño, como la separación de los padres, un fallecimiento, una patología grave, etc. En este caso, parte de la energía física y psíquica del pequeño se moviliza para abarcar procesos adaptativos o defensivos que le permiten enfrentarse a esa nueva situación. Si se sospecha que puede ser así, y cuando exista una causa justificada, lo mejor es hablar con el profesor. No es necesario describirle con precisión lo que ocurre, pero es pertinente decirle que el niño en ese momento tiene algunas preocupaciones. Esta información le permitirá entender y controlar mejor la situación. De lo contrario, podría malinterpretar el bajo rendimiento de su alumno[17] y pensar, por ejemplo, que es por culpa de su pedagogía o de él mismo, cuando el problema es por otras causas.

Los que motivan

Es verdad que a veces la disminución del interés —y por tanto, de la atención— por la vida escolar puede venir de parte del profesor o del colegio. Existen algunos profesores a los que no apetece escuchar, con un discurso poco interesante o incluso algunos alumnos extremadamente sensibles. Afortunadamente, es una realidad que suele ser rara, pero también existe. Ante esta situación, los niños son los más frágiles, los que se ven más afectados por ella y los que acaban pagando las consecuencias. El pedagogo no tiene en cuenta su fragilidad, pero sí su tutor, la figura que representa un firme apoyo para el niño más débil y a quien necesita más que el resto de sus compañeros más preparados. Las combinaciones niño frágil/profesor

---

17. El malentendido siempre está en el origen de una comunicación defectuosa generado normalmente por lo que no se dice, o lo que se «dice» con una carga sentimental importante (de angustia, cólera, agresividad).

frágil pueden resultar muy negativas, y hasta destructivas para el más joven de los dos.

Si esta situación se presenta y se identifica, es importante hablar de ello con el director o directora del colegio inmediatamente. Puede incluso plantearse el cambio de centro si no se encuentra ninguna solución diferente. Lo importante, en este caso, es estar muy atento a lo que pasa en realidad, y estar muy seguro de la fragilidad del pedagogo implicado. Averiguar si otros padres han constatado algo similar ese mismo año o en años precedentes.

También resulta necesario preguntarse por la fragilidad del niño para estar seguros de la pertinencia de la intervención. De antemano hay que recordar que sólo se verá afectado en esa clase si no se encuentra lo suficientemente «armado» psíquicamente.

En cambio, existen pedagogos muy «motivadores», de esos profesores que, por su manera de ser, de hablar o de transmitir suscitan enseguida la atención de sus alumnos.

Estos profesores logran cautivar el interés de sus interlocutores. ¿Cuestión de pedagogía? No sólo eso. A menudo va más allá del mero aspecto metodológico. Si se pudiese dibujar el retrato, sería más o menos así:

— dispone de autoridad «natural». Con él (ella), esas preguntas no se hacen. No se pasa el tiempo intentando poner orden en clase. Consigue ponerse en el lugar del otro de forma espontánea gracias a su personalidad. Se ha visto que los medios para alcanzar este tipo de autoridad son muy personales (confianza en uno mismo, en el otro, respeto por sí mismo, del otro, diálogo, perspectiva...) y que aporta seguridad al niño. Este, tranquilo, no necesita aplicar estrategias defensivas o adaptativas masivas: su energía está totalmente disponible para escuchar, atender y concentrarse;

124

— le gusta su trabajo, la o las materias que enseña. «Amar su trabajo» se traduce en psicología en el hecho de practicar cierta actividad que resulta placentera. En pedagogía, debe añadirse a esta dimensión el deseo de compartir ese placer, entonces el placer del profesor(a) se ve aumentado por el hecho de transmitirlo. Se trata de una noción muy importante. Por el contrario, cualquiera puede haberse encontrado en algún momento de su vida académica un profesor u otro que en su materia fuera muy competente en apariencia pero incapaz o con poca capacidad para comunicar. En ese lugar, el placer no se comparte, antítesis de los objetivos básicos de la pedagogía. Con un pedagogo a quien le encanta compartir, los niños escuchan y, de forma implícita, inconscientemente, ellos también desean probar ese placer que el otro siente y expresa.

En este caso, se trata de la atención placentera, indisociable a la escucha atenta, la que genera, además, la atención obediente.

Escucha y atención

Motivación, disponibilidad psíquica y potencialidades intelectuales son entonces los tres elementos necesarios para el éxito escolar. Y en todos los casos entra en juego la atención. Frases como «el interés lleva a...» o «el interés suscita...» son esenciales para una buena escucha, puesto que siempre se le asocia la noción de placer.

Pero, en realidad, cuando se evoca la disponibilidad psíquica en el colegio, ¿de qué suele hablarse? Lo que hay que retener bien es que atención y concentración son consecuencias de esta. Un niño con poca o ninguna disponibilidad estará poco o nada atento. Le costará mucho

125

o será incapaz de concentrarse. En cambio, aquel o aquella que estén disponibles, normalmente manifestarán una atención —y por lo tanto, una escucha— correcta.

Pero, ¿qué hace que un niño esté disponible... o al revés? Estar disponible psíquicamente significa disponer de una energía psíquica libre de cualquier conflicto interno. Se trata del popular «espíritu libre». **Significa que el espíritu esté exento de cualquier preocupación importante consciente y/o inconsciente del presente y/o del pasado.**

Las preocupaciones conscientes, como se ha visto en varias ocasiones, por lo general son fáciles de detectar: son los temas más importantes que un niño puede tener a lo largo de sus primeros años de vida. Se excluyen las pequeñas peripecias que cualquiera puede encontrarse a diario en su vida personal o relacional. Una pelea no es una preocupación; una sucesión de peleas, repetidas día tras día, sí. Un enfado no representa un problema, muchos repetidos, sí.

Un incidente menor normalmente no tendrá consecuencias sobre la atención del pequeño o la pequeña, pero una preocupación mayor sí.

Más difíciles de detectar son las perturbaciones inconscientes. Por la sencilla razón de que las causas no son visibles en el momento en que se producen sus efectos.

Imagine un niño que evoluciona en un clima de inseguridad permanente o, como poco, demasiado frecuente. Se adaptará a esta situación activando estrategias encaminadas a protegerse mejor. Puede ser que lo haga manifestando mucha actividad, pasando incesablemente de una actividad a otra... O puede que al revés, sin moverse lo más mínimo, sin hacer apenas nada. El pequeño se adapta a cada situación patológica de un modo patológico. El problema es que el que en un momento dado le permitirá sobrevivir, en otro le perjudicará. Estos procesos adaptativos: la agitación, la inhibición (u otros) permiten «controlar» una situación que lo desestabiliza. Pero toda su energía psíquica se moviliza para protegerlo, está acaparada por este mecanismo de defensa, y por lo tanto no se encuentra disponible para ocuparse de otra cosa. Cuando se encuentra en un contexto globalmente normal, como en el colegio, continúa funcionando del mismo modo que ha aprendido a hacerlo fuera de él.

Algunos resaltan en algunos niños «el miedo a aprender»,[18] sugiriendo que el aprendizaje desencadena en el pequeño «miedos que perturban la organización intelectual».

Independientemente de las teorías o las causas que se señalen, el resultado es siempre el mismo: el niño no se encuentra psíquicamente disponible. Desde ese momento, no puede escuchar ni estar atento. Ni con la mejor voluntad del mundo es capaz de movilizarse. Puede hacerlo durante algunos minutos a expensas del gasto considerable de energía, y preferentemente con el apoyo de alguien que lo acompañe y le dé confianza, pero durante poco tiempo. En ese caso, sólo un trabajo profundo, a largo plazo, permitirá que sea capaz de funcionar de otra manera.

Los canadienses hablan de «niño teflón» para referirse a las personalidades sobre las que todo parece resbalar. Ante un niño así, el profesor se plantea qué hacer. Para él es difícil entenderle, porque «aparentemente» nada justifica su actitud. La ausencia continuada de escucha en clase y la de su principal síntoma, la atención, deben alertarlo, ya que sólo una respuesta pedagógica, por muy potente que sea, no será suficiente.

---

18. Serge Boimare, *L'Enfant et la peur d'apprendre* (El niño y el miedo de aprender), Dunod, 2004.

127

En otros casos se observan casos de niños que «parecen estar en otro sitio» y que, a pesar de todo, aprueban. ¿Quiere decir esto que pueden «hacer dos cosas a la vez»? Puede ser. Pero resulta más verosímil, de todas formas, que su actitud exterior engañe y que dé esa sensación, pero en realidad, la actitud «interior» es otra muy distinta, y están más «presentes» de lo que parece.

La escucha... con «dosificador»

En la vida diaria, hay muy pocos niños que no escuchen nunca, incluido en clase. Lo que se observa más a menudo son niños que escuchan a intervalos: escucho, ya no escucho, escucho, no escucho más. Con ellos, es probable que se den fases alternativas más o menos largas. Se trata del niño al que le molesta el mínimo ruido exterior en clase. En definitiva, la mínima distracción.

En general, estos niños deben hacer un verdadero esfuerzo para escuchar, aunque a veces lo consiguen y a veces no. Lo que es cierto es que no disponen de una capacidad «continua» para escuchar y estar atento. Escuchan con «dosificador». Existen algunas razones que pueden ser la causa:

— el niño puede tener intereses diferentes a los de la clase. En las biografías más famosas no dejan de existir ejemplos reacios a cualquier sistema escolar que más tarde encuentran sus propios medios de expresión. Lo más común es que sean artistas, y su «manera de pensar» no corresponda a las exigencias del colegio;

— el niño puede haber interiorizado este funcionamiento por su modo de vida. La forma de relacionarse, en familia y personalmente, por ejemplo, puede ser igual. Todo ocurre como si no conociese un modo de relacionarse continuo, y en este caso, se trataría más de un modo de adaptarse a su manera de ser. La dificultad llega entonces del colegio, que espera de estos que tengan una disponibilidad continuada;

— el niño puede no estar con la «atención en reposo». Si fuera así, su atención no se moviliza inmediatamente. Así, cuando el profesor se dirige al conjunto de la clase, la mayoría de los niños captan enseguida el mensaje formulado, ya que, precisamente, están en «atención en reposo». Pero a menudo, lo que favorece este estado es el medio de intercambio extraescolar. La «atención en reposo» se sitúa más en la atención placentera que en la atención impositiva. Desde ese momento, siempre estará atento a lo que se dice, con mayor o menor intensidad, ya que en cualquier momento puede ser algo que le interese. En cambio, el que no conoce la atención impositiva («¡Haz esto!», «¡Haz lo otro!», «¡Para!», «¡Ordena eso!», «¡No hagas ruido!») acaba por cortar la comunicación. Cuando el otro habla, nunca es para que sea agradable, por eso nunca escucha, incluido en clase;

— el niño se encuentra muy poco integrado en el intercambio. Es el caso, en ocasiones, de los pequeños que tienen padres o cuidadores muy poco comunicativos o muy poco presentes. No se da ninguna interacción y el niño acaba por instalarse en su propio mundo, de manera que el de los otros, al igual que sus peticiones, le concierne poco;

— el niño puede estar confrontado a un diálogo falso. Se trata del intercambio donde el otro (la madre, el padre) habla mucho y durante todo el rato. Esta verborrea, a menudo sintomática de una angustia, no le permite expresarse. Ante esto, no puede hacer otra cosa que «cortar la comunicación». De lo contrario, correría el riesgo de dejarse invadir por la angustia del otro.

Escucha y memoria

¿Hace falta precisar que los problemas de escucha y de atención demasiado importantes tienen una incidencia en la memoria? O, más concretamente, en la capacidad de priorizar la información.

Para memorizar, igual que para estar atento o para escuchar, es importante estar globalmente receptivo psíquicamente hablando. Aquel o aquella que no lo esté tendrá grandes dificultades de captar el mensaje, ya sea auditivo o visual.

Uno de los ejemplos que más impacta puede ser el del niño que se «sabe» la lección en casa y que al día siguiente «no se la sabe» en clase. Y de ahí, los consecuentes malentendidos comprensibles. El profesor puede pensar que su alumno no trabaja en casa, contra la opinión del padre, que ha ayudado y animado a estudiar a su hijo.

¿Qué sucede en realidad? En casa, con los padres, el estudiante «se sabe» la lección. Además, esto suele costar bastante, ya que normalmente se trata de casos en que el episodio de hacer los deberes pasa por ser algo costoso. Se ha tenido que repetir, insistir, tener paciencia... pero, a pesar de todo, después de muchos nervios y mucho tiempo, se han hecho y la lección se ha entendido. El problema es que esos datos se revelan de manera muy superficial, puesto que no se han construido sobre un terreno sereno y/o de motivación, y se olvida casi tan rápido como se ha aprendido. Al día siguiente, en el colegio, la restitución de la información, si se produce, resulta deplorable.

Lo que pasa por la memoria inmediata se considera igual de verdadero que para la memoria de medio o largo plazo: sólo puede ser eficaz en un terreno globalmente disponible. Además, en este último caso, la noción de serenidad en el tiempo se revela importante.

130

Pueden ocurrir otras circunstancias, como la del pequeño o pequeña que está poco seguro de sí mismo(a).[19] En casa, con mamá o papá, con plena seguridad en ellos mismos, la memorización puede realizarse sin ninguna dificultad. En cambio, en clase, en medio de un grupo impresionante de alumnos y bajo la mirada atenta del profesor, todo es diferente: la inseguridad genera angustia, y cuando interviene en este proceso, no puede haber una correcta restitución. Una vez más, el aprendizaje se ve perturbado por un psiquismo lejos de ser sereno.

Cuando las cosas no funcionan... en el colegio

La adolescencia constituye un periodo conflictivo. El cuestionamiento de los referentes familiares, la búsqueda de referentes externos, colocan al adolescente en una situación «intermedia» angustiosa. Esto se debe a que la ansiedad y la angustia nacen de la inseguridad, de la duda, de la incertidumbre y de las preguntas.

Por este motivo, la adolescencia representa un periodo que normalmente produce ansiedad. Para la mayoría de los chicos o chicas, esta ansiedad normal, no altera mucho más su comportamiento. Quizá motive que estén más susceptibles, más irritables, algo más agresivos o inconformistas... La mayoría de las veces, estos síntomas aparecen a la mínima, y si afectan de vez en cuando en la relación, no son más que episodios normales de una fase de desarrollo concreta.

Lo que debe preocupar es la repetición, la intensidad y el tamaño de uno y, con mayor razón, de varios de estos síntomas. Del mismo modo que un estornudo o que suba

19. También se habla de «aprecio a uno mismo».

la fiebre no forman una gripe, un cambio de humor o bien enfadarse no indican en absoluto un problema psicológico grave.

Sin embargo, la ansiedad propia de este periodo perjudica la serenidad psíquica del joven o la joven, y desde ese momento, la escucha puede verse afectada, la atención puede debilitarse... y los resultados escolares con ella. No es raro observar en un niño sin ningún tipo de problemas una disminución del rendimiento escolar. En general, esto sucede durante un año, al acabar la primaria o al comienzo de la secundaria.

¿Qué sucede? Este debilitamiento puede tener varias causas posibles. Puede darse por:

— problemas de origen orgánico. Fisiológicamente, la adolescencia es un periodo de grandes reajustes, y de un crecimiento acelerado. La energía que reclaman estos cambios es muy grande, y en algunos momentos puede generar un cansancio considerable. Se sabe que la evolución globalmente armoniosa demanda un equilibrio relativo entre físico y psíquico. El debilitamiento de uno está inducido por el debilitamiento del otro, y viceversa. Por otro lado, el estado de salud general en el momento en que se produce el conflicto incide en la capacidad de afrontarlo y superarlo. La negociación de un estado de desarrollo resulta menos dolorosa cuanto más equilibrados hayan sido los estadios anteriores;

— problemas psicológicos inherentes a esa franja de edad: la ansiedad normal provocada por ese periodo puede verse en ocasiones amplificada por razones diversas. El adolescente, igual que el niño o el adulto, sólo puede implicarse satisfactoriamente en actividades escolares si dispone de una reserva de energía psíquica suficiente. Si esta se moviliza por la gestión de otros conflictos conscientes y/o inconscientes, sus fuerzas disminuirán.

Lo que es importante recordar es que una caída en los resultados escolares no es un antecedente justo para el resto del curso. Puede tratarse únicamente de algo puntual. Es necesario evaluar su alcance y centrarse en los motivos de esa difícil fase, plantearse si es algo personal, un problema de relación, y con quién y por qué.

Lo que necesita en ese caso su hijo es su atención, su buena disposición, a pesar de que verbalice su rechazo: «¡Déjame en paz!», «¡Nunca me has entendido!», etc.

No se trata de gritar a los cuatro vientos que quiere ayudarle, sino de estar presente en los momentos en que le necesite. A veces no es necesario ni hablar, y de ningún modo debe obligarle a ello. Por lo común, sólo basta con estar ahí. Su hijo o hija debe saber —como cuando era pequeño(a)— que puede contar con usted, a pesar de que se pase el tiempo diciendo todo lo contrario.

Lo que se observa en un periodo de evolución es que la angustia que se produce de vez en cuando necesita fases de regresión. La regresión es volver a una base de seguridad anterior, que permite «retomar fuerzas psíquicas» para poder continuar avanzando. En los momentos más delicados, no hay que dudar en pedir ayuda a mediadores, en valerse de apoyos exteriores como el médico de la familia, un psicólogo o psiquiatra o, por qué no, ese profesor(a) al que admira tanto.

En caso de problema escolar grave en el caso de un niño o de un adolescente, el primero al que hay que recurrir es, efectivamente, al profesor. Eso si a él también le sorprende la situación de su hijo, si se pregunta por él mismo, su pedagogía o su alumno. Esta colaboración permitirá tranquilizarse mutuamente. No estará solo(a), y él tampoco. La presencia del especialista en salud mental sólo será necesaria si la situación va acompañada de mucha angustia, de tensión y de agresividad. En medio de

133

ese dúo o trío se encuentra el niño, indudablemente elemento central. Incluso si él no está explícitamente presente en los encuentros, debe conocer el objetivo de lo que se hace, esto es, encontrar posibles soluciones a su estado actual en primer lugar, y al de todos, en segundo. Esta claridad resulta esencial para mantener el clima de confianza que debe predominar a cualquier medida. La confianza mutua genera serenidad, algo necesario para que la evolución sea positiva.

10

Evaluar y controlar los conflictos

En las páginas anteriores se han tratado ya varias maneras posibles de enfocar el problema, con el objetivo de establecer o restablecer una buena atención en el día a día. Pero para los padres no siempre es fácil distinguir en qué momento un conflicto deja de ser banal o puntual para empezar a preocuparse y preguntarse por la necesidad de recurrir a ayuda exterior.

El acercamiento al diagnóstico

Lo primero que tiene que hacerse en caso de problemas en la atención es establecer un diagnóstico correcto. Sin esta precaución, es probable que no se produzcan mejoras. Para que el enfoque psicológico o el médico sean eficaces, en primer lugar tienen que pasar por esta fase de evaluación.

☐ Recurrir al logopeda

El diagnóstico debe empezar forzosamente, como se ha dicho, por un examen de orden otorrinolaringológico, sobre todo si su hijo es pequeño. Ver si oye bien, si oye todos los sonidos, todas las frecuencias, si escucha bien, si no ha tenido enfermedades con riesgos de este tipo, o si tiene o ha tenido algún déficit auditivo (después de haber pasado varias otitis seguidas, por ejemplo). Si algo de esto sucede, el logopeda puede imponer una reeducación adecuada. Ahora bien, después de haber superado una otitis serosa, no es obligatorio que vaya al logopeda si ha recuperado la agudeza auditiva.

Cualquier ayuda de reeducación que afecte al niño no puede hacerse sin la participación del interesado, por supuesto, pero tampoco de sus padres (o incluso de su profesor).

La reeducación ortofónica, por muy precisa que sea, no es suficiente para aportar una respuesta definitiva a los problemas importantes del lenguaje.

La relación familiar permite una diversidad y multiplicidad de situaciones lingüísticas que la reeducación no contempla.

Françoise Dolto sostenía que «todo es lenguaje», del mismo modo que puede afirmarse que toda situación puede generar lenguaje. Incluso el dibujo de una paloma en las páginas de un libro, en una oficina, al lado de un profesional puede resultar positivo para un pequeño con problemas, pero nunca mejor que observarlo en la calle, con sus padres de la mano señalándolo con el dedo y diciéndole: «¡Mira, una paloma!».

Si el niño pronuncia mal una palabra, el padre le corregirá sin gritarle, ni decirle cosas como «¡Vuelve a empezar!», o «¡No, eso no es!», sino simplemente repitiéndoselo. Pedirle que lo repita una y otra vez puede que sea eficaz, al menos en ese momento, pero acabará con el placer de la comunicación.

Ante todo, tienen que mantenerse las ganas y el deseo de cambiar. Una vez más, cuando se es padre, hay que saber ser paciente...

□ Señales que hay que interpretar

La manera de enfocar el diagnóstico debe completarse con preguntarse si es algo transitorio, si se trata de un problema reciente. Cuando los síntomas acaban de desaparecer, los primeros elementos que hay que tener en cuenta son, de nuevo, fisiológicos.

Como se ha dicho, la fatiga es el motivo más frecuente de una atención puntualmente difícil. El final del día suele ser siempre el momento más sensible, precisamente por esta razón. Sin embargo, falta precisar las causas, que en el caso de un niño con buena salud, las más frecuentes serían un sueño con periodos de alteración, una alimentación pobre o desordenada, una sobrecarga de actividades escolares o extraescolares, demasiado ruido, tensiones...

Hay que volver a mencionar el fenómeno de los «empujes de crecimiento», que no sólo resultan agotadores, sino también creadores de angustias endógenas, lo que significa que las causas no son únicamente internas. Estas están provocadas por una descoordinación entre su crecimiento fisiológico y el psicológico. La adolescencia es muy característica de este estado, pero este tipo de angustia aparece en fases anteriores, de manera menos evidente, quizás, y menos violenta, aunque reales. Y cuanto más angustiado esté el niño, menos atención prestará.

Esta situación resulta frecuente, y puede se el origen de malentendidos, ya que el niño no posee ninguna razón «objetiva» para estar mal y parece encontrarse bien. Por eso, hay que prestar atención a las señales que pueden remarcar ese malestar independiente de cualquier causa externa. Lo más evidente es que se desinterese con mayor o menor medida de sus actividades habituales, que se olvide de sus juegos o juguetes, que «dé vueltas a lo mismo» incesantemente, que pretenda «enfadarse»; y en el cole-

137

gio, su tutor o tutora puede resaltar que muestra menos atención en clase y que parece menos concentrado.

Otra opción es que el niño se muestre más «físico». Como si el cuerpo necesitara moverse, experimentar para pasar enseguida a encerrarse en sí mismo. Así, va oscilando entre momentos en que se ve dominado por una gran agitación y otros en que para de repente, se muestra tranquilo, inactivo, y vuelve a recuperar su chupete o el juguete que más aprecie. Estas fases de regresión son necesarias para él, puesto que le permiten reencontrar, inconscientemente, un bienestar interior que hace que se regenere a nivel físico y psíquico. De alguna manera, es una forma de «cargar las pilas».

En realidad se trata entonces de los mismos síntomas que los que encontramos en casos de angustias exógenas o relacionadas con causas externas, pero lo que desconcierta en este caso es que aparentemente no se deduce ninguna causa efectiva.

Evidentemente, otro síntoma reside en el hecho de que ya no escucha o lo haga claramente con menos atención. Pero la identificación de estos indicios permite abordar esta dificultad precisamente de forma más serena y adaptar, así, sus reacciones; puesto que esta fase no dura mucho, hay que tener paciencia. En pocos días, dos, tres o cuatro semanas, se acaba, y el niño vuelve a sus juegos, a sus actividades y a su atención. Con la espera no se incidirá negativamente en su estado de ánimo, su pasividad y sus reacciones intempestivas. Pueden proponerse otros juegos en alguna ocasión y estar con él durante ese tiempo, a menos que se produzca regresión, en cuyo caso se le dejará tranquilo. Una regresión transitoria puede resultar muy útil para una futura evolución, puesto que en ciertos momentos siente necesidad de hacerlo, igual que los adultos, que de vez en cuando requieren una pausa para volver atrás y seguir haciendo. Sobre todo hay que evitar responder a sus angustias con las nuestras, porque sólo haría que las suyas aumentasen.

La ayuda de un profesional

Cuando el diagnóstico ha descartado un problema fisiológico o psicológicamente transitorio, el caso del niño que no escucha es más complejo. ¿Qué hacer ante esta situación?

Si el problema no se soluciona desde el principio y el padre tiene dificultades para afrontarlo solo, para hacerse entender, probablemente será difícil restablecer una escucha que en realidad nunca ha existido. En ese caso, sería conveniente dejarse aconsejar por un profesional. ¿Por qué? El hecho de estar demasiado implicado afectivamente en la situación hace que los padres no puedan tener perspectiva, y que les cueste distanciarse intelectualmente del problema, algo esencial para que el niño evolucione. Como se ha visto, los sentimientos normalmente acaban imponiéndose sobre la razón, independientemente de la voluntad del individuo; y lo que no es posible es estar dentro y fuera del conflicto a la vez.

Lo mejor es liberarse de cualquier sentimiento de culpabilidad existente —recuerde que sólo puede hacer lo que ha aprendido— y contar con la ayuda de aquel o aquella que pueda decirle en qué situación se encuentra y ayudarle.

☐ ¿A quién escoger?

El término psicoterapeuta designa a cualquier profesional del ámbito del «psiquismo» que pueda ayudarle:

139

— el psiquiatra es un médico especializado en los problemas psíquicos y/o psiquiátricos.

— el paidopsiquiatra es un médico especializado en el niño: puede prescribir medicamentos y/o proponer una psicoterapia;

— el psicólogo generalmente está especializado en un dominio concreto a nivel universitario. Al no ser médico, no puede prescribir medicamentos, pero puede ayudar a través de un seguimiento o una terapia. En el ámbito escolar, el psicólogo del centro puede realizar un examen y recomendar un primer acercamiento terapéutico y/o pedagógico;

— el psicoanalista efectúa un análisis y su ayuda se concretará mediante el psicoanálisis; puede ser paralelo al tratamiento psiquiátrico o al psicológico.

Si el psiquiatra o paidopsiquiatra se acuerdan oficialmente pueden entrar por la Seguridad Social.

Cada uno de ellos podrá proponer una terapia diferente, y cualquiera de las dos puede ser conveniente, puesto que no existen métodos terapéuticos mejores que otros. Todo dependerá de lo que se prefiera. Para saberlo, lo mejor es pedir al profesional que le explique el proyecto que piensa aplicar como tratamiento. Las primeras sesiones también hacen que la decisión sea más fácil. Recuerde que no todos los problemas implican un apoyo de este tipo durante un largo periodo, y que la duración de la ayuda profesional generalmente va en función de la gravedad del problema. Con los niños todo puede ir muy rápido.

Más que el método, lo que importa ante todo es tener confianza en la persona que se haya elegido. Un terapeuta que sea muy bueno para alguien puede que no funcione con otra persona. Esto se debe a que las angustias del profesional pueden entrar en conflicto con las de un paciente... y no con las de otro.

Por otro lado, el terapeuta también le ayudará diciéndole si puede aportar una solución o no a su problema. En psicología, como en medicina, el paciente elige a su terapeuta, cierto, pero este también elige, más o menos, a su paciente.

☐ De lo normal a lo patológico

«¿La actitud de mi hijo es normal?». Esta es una pregunta que los especialistas están acostumbrados a escuchar a menudo, y que además resulta legítima. Efectivamente, por mucho que los padres tengan cinco o seis hijos, cuentan con pocos puntos de referencia en cada caso.

Para el profesional, que se enfrenta cada día a muchos niños diferentes, la respuesta es más sencilla, ya que lo normal y lo patológico, de entrada, sólo pueden apreciarse en términos estadísticos. Lo normal lo conforma el conjunto de sentimientos, actitudes y comportamientos que vive la mayoría de individuos en un momento dado y en un contexto sociocultural concreto. Por eso, ciertos comportamientos o actitudes que hoy en día no tienen importancia, aquí y ahora, no se consideraban igual hace unos años o en otra parte del planeta.

Así, se tiene como anormal todo lo que está fuera de ese conjunto estadístico. Pero, entonces, ¿lo anormal se considera patológico? No forzosamente. Un individuo puede vivir de una manera diferente a todos sus congéneres, y en cambio ser alguien «normal». La noción de patología siempre va acompañada de la de verdadero sufrimiento por uno mismo y/o por los demás, ya sea de forma continua, como en los casos de depresión, o discontinua, en los de fobias, casos en que no aparece ningún síntoma si no está presente el origen de esta.

¿Cómo evaluar la dificultad de su hijo? De entrada, tiene que ver la frecuencia con que se manifiestan los episodios

141

y la repetición o intensidad de algún síntoma que debe alertarle. Del mismo modo que uno o dos estornudos no significa que el niño tenga una gripe, uno o dos enfados no llevan a un problema de comportamiento. En cambio, los enfados sistemáticos o regulares merecen atención, puesto que si se acumulan, el niño puede salir perjudicado. En estos casos es necesario que consulte a un especialista.

□ **¿Qué esperar de una terapia?**

De entrada, hay que tener en cuenta que las recetas milagrosas no existen. Cada historia es demasiado personal para que pueda predecirse de forma exacta su desenlace. También hay que saber que sea cual sea el acercamiento terapéutico que se realice, se necesitará un tiempo de acomodamiento para que puedan observarse sus efectos positivos. Lo que no se ha hecho durante años no podrá hacerse sólo en unos días, así que serán necesarias altas dosis de paciencia y humildad.

Existe el riesgo de que hayan momentos en que se considere que los esfuerzos no son vanos y en cambio otros en los que se creerá fervorosamente que no sirven para nada...

En realidad, cualquier paso que se dé hacia una posible solución siempre tiene efectos positivos, aunque a veces no sean espectaculares (normalmente no lo son), y no puede «medirse» de manera sistemática. Si el comportamiento de un niño denota algún indicio sospechoso, es preciso que el adulto preste atención a su conducta. La relación terapéutica se funda esencialmente en este principio de base: si alguien no puede ser feliz sin la ayuda de otra persona, y no es capaz de ver como algo agradable el hecho de vivir en sociedad, este, con su mirada, su palabra y su buena disposición le ayudará a encontrar su sitio.

Todo lo que se trate con el objetivo de restablecer una relación basada en la escucha tendrá forzosamente un mínimo impacto, debido, ante todo, a que sin duda servirá para reflexionar y trabajar lo que opera a nivel del inconsciente.

Conclusión

¿Por qué hay que repetir cien veces lo mismo? A partir de ahora, la respuesta está clara: para el niño es difícil pasar del principio de placer en el que se mueve normalmente, al principio de realidad que se le impone. Escuchar significa renunciar a ese placer inmediato, para acceder a otro tipo de placer diferente... pero diferido, abstracto e hipotético.

La escucha obediente, objeto esencial de este libro, no es para nada «natural». Resulta opresora. Por lo tanto, exige cierto aprendizaje, y los triunfos que se viven también (si no más) se aprenden: capacidad de anticipación, toma de conciencia del otro...

Incluso si es eficaz, la restricción por la vía física se excluye completamente, puesto que sus riesgos no son sus consecuencias. El aprendizaje a través del diálogo y el ejemplo son preferibles, puesto que favorecen una interiorización más real. Se ha visto que no se le puede exigir respeto a un niño si él mismo no es respetado, y sobre todo, que una atención obediente no es posible y eficaz si no va acompañada, a su vez, de una escucha placentera. Al niño que sólo se le habla para pedirle algo o para ordenarle, en mayor o menor medida acaba por no hacer caso. Corta la vía de comunicación que para él sólo es una barrera. En cambio, cuando se producen otros intercambios, útiles o agradables, se mantendrá con la «atención en reposo», porque estar atento entonces valdrá la pena.

También se ha señalado la importancia que tiene el inconsciente en la atención. Está claro que a los niños se les escucha desde el propio prisma de la historia personal de cada uno. Al padre que de pequeño no le escuchaban, no ha conocido un modelo satisfactorio para guiarse en este terreno. Más tarde, se verá obligado a inventar su papel de padre para evitar repetir una historia idéntica de la que le ha hecho sufrir y, por tanto, entrará en un proceso extremo inverso.

En conclusión, existen varios «tipos» de atención:

— la **atención placentera**: es aquella que siente cualquier niño cuando experimenta un intercambio que le resulta satisfactorio. Puede ser el hecho de escuchar un cuento o una canción, por ejemplo. Puede ser, sencillamente, un intercambio durante una comida, un paseo, a la hora de acostarse...;

— la **atención obediente**: hace que el niño se vea obligado a aceptar progresivamente las reglas de la vida familiar y de la vida social. Es la que exigen los padres, luego el colegio, y más tarde la sociedad en su conjunto. Va acompañada necesariamente de la frustración de tener que abandonar la cómoda posición de que se goza para ocupar otra que por lo general resulta menos agradable. El establecimiento de este tipo de atención se produce de forma progresiva, durante el desarrollo del bebé y después del pequeño. En estas páginas se han visto los momentos más difíciles de este proceso y las diversas posibilidades que hay de negociarlos. Esta atención obediente hace que se plantee, inevitablemente, la cuestión de la autoridad, de lo que se ha tratado ampliamente en este libro.

146

¿De qué autoridad se trata? ¿Cómo hacer que sea efectiva? ¿Existe una autoridad natural?

— **la atención «atenta»**: es la atención que se exige normalmente en el colegio. Demanda una disponibilidad de atención globalmente constante y eficaz. Este tipo de atención es necesaria para la memorización, la capitalización y la sedimentación de los aprendizajes. El niño con la «atención en reposo» capta todos los mensajes del profesor y los hace suyos;

— **la atención deficiente**: puede darse por causas diversas. La atención puede haberse cortado o ser inexistente durante los primeros años, y el niño se habría adaptado a esta situación. «Acostumbrado» a no compartir y a no escuchar, continúa haciéndolo mientras no tenga una necesidad urgente de aprender. Esto es, aprender en el colegio, aprender las reglas, aprender del otro... También puede ser deficiente por la falta de atención placentera, de intercambios o de diálogos satisfactorios. En ese caso, no se restablecerá si no se dan las condiciones específicas para aplicar una mínima atención que le aporte algo de placer. Si un padre de pequeño no ha sido escuchado, tendrá muchas dificultades a la hora de escuchar a su propio hijo. Si no se le escucha, será muy difícil que el pequeño también escuche.

¿Cuál es el grado de repetición aceptable para que un niño obedezca, uno, dos, tres, cinco, diez veces? Al parecer, esto depende del placer inmediato en el que esté ocupado el niño en ese momento, así como del principio d   e realidad al que se le pida acceder: está claro que si esa realidad corresponde a otro placer claramente identificado por el niño (una fiesta, comprar un juguete, etc.), entonces se producirá con una rapidez aceptada por todos.

147

También es cierto que resulta necesario aceptar esta repetición como un espacio de transición durante el cual
el niño abandona progresivamente el placer inmediato al
que estaba acostumbrado, no sin dificultad. El aprendizaje de las normas, de su aceptación y escucha constituye un aprendizaje lento. Y cabe preguntarse también si
llega el día en que este proceso termina finalmente del
todo. Lo que puede esperarse de cara a los niños es que,
igual que los adultos, suelen respetarlas normalmente,
puesto que de la integración de las reglas depende tener
una vida personal, familiar y social agradables.

Agradecimientos

El autor agradece la colaboración de la doctora Christiane Doubovy por su claridad y paciencia... y la de todos los padres y niños que tanto le han enseñado.

Si quiere saber más sobre el autor, puede consultar su página web en la dirección http://jl.aubert.free.fr

Índice

En la misma colección
(Cuestiones de padres)

www.ingramcontent.com/pod-product-compliance
Lightning Source LLC
Chambersburg PA
CBHW071348090426
42738CB00012B/3049